Y si no es ahora, ¿cuándo?

Sobre la urgencia de vivir la vida

MARCELO RITTNER

Y si no es ahora, ¿cuándo?

Sobre la urgencia de vivir la vida

Grijalbo

Y si no es ahora, ¿cuándo?
Sobre la urgencia de vivir la vida

Primera edición: enero, 2008
Primera reimpresión: marzo, 2008
Segunda reimpresión: mayo, 2008

D. R. © 2007, Marcelo Rittner

D. R. © 2007, derechos exclusivos de edición en español
   reservados para todo el mundo:
   Random House Mondadori, S. A. de C. V.
   Av. Homero No. 544, Col. Chapultepec Morales,
   Del. Miguel Hidalgo, C. P. 11570, México, D. F.

www.randomhousemondadori.com.mx

Comentarios sobre la edición y contenido de este libro a:
literaria@randomhousemondadori.com.mx

Random House Inc.
         ISBN 978-030-739-203-9

Impreso en México / *Printed in Mexico*

Distributed by Random House, Inc.

A Dios,
por escuchar la plegaria
de mi corazón angustiado, y
por responderla con una nueva
oportunidad para vivir

A los amigos,
por ser y estar

A mis nietos,
Estrella, Moi, Pau, Ber y Natush, por
sus risas y sus besos pegajosos

Contenido

¿Por qué está tan oscuro?
En el comienzo, siempre está oscuro.

MICHAEL ENDE,
LA HISTORIA INTERMINABLE

Cada día debemos vivir con ojos que
ven, oídos que escuchan y
con un corazón sensible.

NAJMAN DE BRATZLAV

Dentro de cada persona mayor,
hay un jovencito que no entiende
¡qué demonios sucedió!

Anónimo

Prólogo

El rabino Marcelo Rittner, de quien he recibido numerosas lecciones, reúne experiencias, lecturas y proverbios que prueban cómo un hombre de Dios puede hacer un libro esencialmente humano. En el tono suave del sabio que no intenta convencer sino entender y hacerse entender por sus semejantes, el rabino Rittner nos va llevando por los caminos de la inteligencia y la cultura, y nos ofrece en este andar, algunas razones inesperadas para explicar nuestros problemas, consolar nuestros agobios y combatir angustias.

Ideas milenarias y reflexiones profundas se nos entregan en el lenguaje cotidiano que el rabino, usted y yo hablamos en familia y en los círculos de la amistad. Pocas menciones bíblicas, pocos reyes, pocos patriarcas, pocos profetas, pocos milagros se pasean por estas páginas, no obstante la solidez teológica del autor y su raíz intelectual alimentada por lecturas bíblicas y talmúdicas. No hay infiernos ni cielos, ni diluvios ni volcanes vengadores, ni espadas flamígeras ni voces atronadoras que rueden por las laderas de las montañas hasta los oídos pecadores. Se habla aquí del béisbol, la televisión, los que buscan suerte en la lotería y los viajeros con tantas maletas que no caben en la cajuela, del colesterol, el tsunami, del restaurante Wolfie's de Miami, de la calle Florida de Buenos Aires y del síndrome "totalmente Palacio".*

Un hombre que mira al cielo con los pies firmes en la tierra, y nos habla a nuestro nivel. En estas páginas conocerá usted la historia de un visitante inesperado que le dice al doctor Smedley: "Yo soy el hombre que usted pudo haber sido". Anécdotas y metáforas se suceden unas a otras con tal diversidad que convierte la lectura en un placer, donde las píldoras del aprendizaje se reciben sin trauma ni rechazo. Situaciones sencillas, fáciles de entender: el buque de guerra dialoga con el faro; el trapo en el árbol para quien vuelve a la casa de su padre; por qué los bebés nacen con los puños apretados y, cuando morimos, nuestras manos están abiertas; el viejo que olvidó si le había pedido casarse a una vieja que olvidó quién se lo había pedido; el pleito familiar cuando alguien se queja de que cortaron el pavo en su ausencia; por qué se lavan los pies los peregrinos antes de cruzar la Puerta de Jerusalén; cómo el beisbolista manco Jim Abbot no sólo ganó para los Yankees de Nueva York un gran partido, sino además no permitió *hit* ni carrera.

Son lecciones de vida y esperanza. Cuántas veces durante la lectura de *Y si no es ahora, ¿cuándo?* recordé personajes humildes que hablan con la certeza de la sabiduría popular en los relatos de Sholen Aleijem: El hombre cansado que retorna de la feria como una evocación de su propia vida en el ocaso; el miserable y devoto lechero que no necesita intermediarios para dialogar con Dios y acepta su voluntad previas reclamaciones; y la presencia cercana de los rabinos como centro del *shtetl*** como mundo autónomo.

---

* Se refiere a una frase publicitaria de una tienda departamental de México, cuyo propósito es promover un alto nivel social mediante una campaña aspiracional.

** Pequeñas villas de población judía en Europa Central. Desaparecieron casi por completo a partir del Holocausto. (*N. del E.*)

Este libro me ubica también en la paupérrima morada de Isaac Bashevis Singer, lugar de quejas y juzgado conciliador de pleitos mercantiles, rencillas familiares, receptoría de deudas y querellas. "El tribunal de mi padre" llama Singer a sus recuerdos, sus fantasías, de manera tal que no se sabe cuándo terminan los unos y empiezan las otras. Así es el libro que hoy nos entrega Marcelo Rittner, hecho de magia y carne, de ilusión y hambre, de miseria y luz. Un ramo de meditaciones como si fuera de flores recogidas en los jardines del tiempo y entregadas a cada uno de sus lectores como obsequio invaluable.

JACOBO ZABLUDOVSKY

⚘ A manera de introducción ⚘

Cuando hace poco más de dos años publiqué el libro *Aprendiendo a decir adiós,* en el que trataba el tan delicado tema de cómo enfrentar la muerte de un ser querido, y a pesar de que lo hice desde una perspectiva universal, tenía muchas reservas sobre cómo un libro sobre espiritualidad y autoayuda escrito por un rabino sería recibido por lectores de otros credos.

Hoy, casi tres años después, debo confesarte que ha sido una maravillosa experiencia. No sólo por los miles de libros vendidos en México y en el resto de América Latina, además de la traducción al idioma portugués, que superaron cualquier pronóstico, sino por lo conmovedor que ha sido recibir centenas de correos electrónicos de hombres, mujeres, adolescentes, madres, padres, familias, hijos, hijas, hermanos, hermanas, amigos, algunos de ellos religiosos, algunos seculares, otros agnósticos, de los más diversos sectores sociales, de los lugares más recónditos de México y de muchos otros países del continente, todos con el común denominador de sentir la confianza para abrir su corazón, contarme sus historias de dolor, compartir su tristeza, agradecer el bálsamo que encontraron y, de manera especial, describir cómo el libro los ayudó a encontrar paz de espíritu. Todavía sigo en contacto con algunos de ellos hasta hoy y, en algunos casos, incluso tuvimos la oportunidad de platicar en persona.

Tanto la respuesta como la confianza depositada en mí por todos y cada uno de ellos, ha sido una de las experiencias más significativas y espirituales de mi vida.

Hoy soy yo quien agradece públicamente. Sin lugar a dudas, esta vivencia ha sido el motor y un gran incentivo para presentarte hoy esta nueva publicación: *Y si no es ahora, ¿cuándo?* como mi propuesta para continuar una respetuosa comunicación espiritual con una visión universal iniciada con el libro anterior.

Quiero hacerlo porque, después de leer una y otra vez la correspondencia recibida, me quedó muy clara la gran necesidad y el deseo que tantas personas tienen de alimentar el alma y renovar su fe, de volver a creer en otras personas y en sí mismas de manera particular.

La premisa fundamental de este libro es ya no posponer ni postergar la vida. Es sobre la urgencia de la vida. Trata sobre el tiempo en tu vida. Es sobre comprender que éste es tu viaje y, ya sea el mejor o el peor de los tiempos, es el único que tienes, porque es el tiempo de tu vida. Es sobre no temer y sobre arriesgar. Es sobre redescubrirnos, apasionarnos con nuestra vida, encontrar paz de espíritu.

Las reflexiones espirituales presentadas en estas páginas son una selección de mensajes que, a lo largo de más de treinta años de tarea pastoral, transmití en forma de sermones a mi querida congregación, presenté en conferencias y grupos de estudio y publiqué en diversos medios de comunicación. Más que con el objetivo de enseñar, lo he hecho siempre con la idea de poder inspirar.

Es mi sincera intención que estas reflexiones, pensamientos, historias reales de la vida, ideas y sentimientos logren ser herramientas que te ayuden a vivir una vida que refleje la santidad del tiempo, y un tiempo que refleje la santidad de tu vida. Que puedas dar al viaje de tu vida un sentido, un propósito, un destino. Que puedas, a partir de su lectura, no apenas realizar el viaje sin olvidar el destino, sino hacerlo y disfrutar del camino, porque cada día cuenta. Mi especial agradecimiento al licenciado Jacobo Zabludovsky un querido amigo a quien admiro profundamente y quien me honra al escribir el prólogo de este libro.

Mis agradecimientos para Roberto Banchik, quien me ha dado el estímulo y los consejos para esta publicación; a César Gutiérrez, Enrique Calderón y Karina Morales, de Random House, quienes han tenido la responsabilidad editorial de dar forma a este nuevo sueño; a mi colega y amigo Leonel Levy por sus comentarios y recomendaciones. Una vez más, gracias a Ruth y a mis hijos, a quienes pido perdón por el tiempo que les he robado para completar este proyecto. Y, como es natural, agradezco a mi comunidad por escuchar mis sermones durante casi 22 años… ¡y por seguir asistiendo a los servicios religiosos! ¡Eso es tener fe!

Gracias a todos mis amigos, por ser y por estar, por su estímulo y apoyo incondicional para que cada nuevo proyecto de su rabino pueda ser realidad. Entre ellos, un amigo querido que, al partir, dejó tristeza en mi corazón.

En especial, gracias a ti, lectora, lector, por aceptar compartir una parte del viaje de tu vida conmigo.

Como siempre, me encuentras en mrittner@prodigy.net.mx

I

Esperé demasiado…

*La verdadera profesión del hombre
es encontrar su camino hacia sí mismo.*

HERMAN HESSE

El libro de la vida: incertidumbre

Yo quería un final perfecto,
así que me senté a escribir el libro
con el final resuelto
aun antes que hubiera final.
Ahora he aprendido en carne propia
que no riman todos los poemas
y que algunos cuentos
no tienen claros su final, medio y principio.
Como mi vida, este libro es ambiguo;
como mi vida, este libro trata
de no saber, de tener que cambiar,
de aprovechar el momento al máximo,
sin saber qué sucederá después.

GILDA RADNER

❧ Esperé demasiado ❧

Fui al hospital para visitar a una persona que se recuperaba de una delicada operación. Habían surgido algunas complicaciones. Mientras platicábamos, comenzó a describirme lo que había vivido: cómo su problema se había agravado por no haber atendido a tiempo la situación, cómo todo se había complicado sin necesidad. "Yo esperé demasiado", me dijo. "¡Debí hacerlo hace años!"

Escucho esta frase todo el tiempo. En el hospital, cuando se atiende una enfermedad que se volvió complicada sin necesidad porque no se le quiso enfrentar a tiempo, o un ataque de corazón que pudo haberse evitado, o que habría sido más leve si se hubieran tomado medidas preventivas. Si la persona hubiera confiado a su familia cómo se sentía, o a su médico, o a un amigo. "Yo esperé demasiado", dice la gente como una forma de disculparse ante sí misma, como si estas palabras de alguna manera pudieran explicarlo todo. ¡Y cuántas veces he escuchado esta frase después de un entierro! Lo escucho en boca de hijos, amigos, esposos y esposas. "Esperé demasiado para decirlo; se lo juro, rabino." "Yo iba a decirle que lo lamento, que la amo." "Apreciaba lo que hizo, las palabras, el gesto, el pensamiento nunca cumplido, quería decírselo." "Justo cuando íbamos a hacer lo que habíamos soñado durante toda nuestra vida…, y ahora, vea: es demasiado tarde." "Había tanto que quería decir; pero nunca nos sentamos a platicar." "Yo nunca escuché con atención." "Había tantas cosas para las cuales nunca tuvimos tiempo, qué pena que no lo hicimos en su momento." "Ahora, nadie sabe; ahora nunca podremos ir; ahora nunca más tendré la oportunidad."

Esperé demasiado. ¿Saben lo que esto significa?

Lo escucho en mi oficina. Parejas que vienen a discutir problemas que parecen no tener solución, pero que en realidad

24

sí la tienen. Los problemas son viejos, ya echaron raíces; cualquier piedra, en estas circunstancias, parece una montaña y nada se ve con claridad. Esperaron demasiado: padres e hijos, hermanos, amigos, matrimonios. Y existen tantas relaciones, tantas situaciones que se deterioraron sin remedio por haber esperado demasiado tiempo.

Por otro lado somos impacientes. Manejamos con velocidad, comemos de prisa, hablamos rápido, vivimos acelerados. Corremos con arrebato, siempre tenemos prisa, nos agitamos al perseguir la vida. Pero, a pesar de la rapidez de nuestros movimientos, cuando llegamos a las cosas importantes esperamos demasiado.

La paciencia es una virtud; la sabiduría requiere moderación. Pero cuando debemos enfrentar las cosas que en verdad son importantes, racionalizamos, posponemos, damos un millón de disculpas, dilatamos, esperamos demasiado. Nunca nos parece que sea el momento conveniente porque nos decimos a nosotros mismos que hay cosas más importantes: "hay mucho por hacer; ahora no puedo: tal vez si espero, se arregle todo por sí solo". Así dejamos las cosas sin solución y esperamos demasiado.

Esperamos demasiado para ser padres para nuestros hijos; hijos que necesitan nuestro consejo, nuestro amor, nuestra orientación. Ellos necesitan saber en qué creemos y cuáles son nuestros ideales; esperan que compartamos sus experiencias, sus valores, las cosas importantes y no apenas los detalles. Hijos que precisan que los escuchemos. Pronto crecen y perdemos la oportunidad.

Esperamos demasiado para ser hijos de nuestros padres; compañeros. Nuestros padres necesitan atención, amor y dedicación. Quieren sentir que no los olvidamos, que tienen en nosotros verdaderos amigos y no sólo herederos. También ellos pronto nos dejarán; por tanto, no podemos esperar demasiado.

Muchos esperan demasiado para leer un libro o para crecer, y el tiempo pasa no sólo en términos cronológicos. Muchos esperan demasiado para realizar aquel sueño pospuesto y, de repente, se sienten demasiado viejos o cansados para hacerlo. Por desgracia, muchos esperan demasiado para vivir. Sus intenciones son buenas, pero nunca lo hacen. Esperan demasiado y declaran: así es la vida.

¡Quedan tantas cosas por hacer! ¡Cosas que nosotros podríamos realizar a cualquier edad! Cosas que no pueden esperar más. La paciencia es una virtud, sí, pero incluso las virtudes esperan volverse acción. Cada oportunidad es única. No esperemos demasiado para ser padres o hijos, para ser amigos, hermanos o pareja; no esperemos demasiado para ser nosotros mismos, no esperemos demasiado para sentir, para hacer, para conocer, para ser.

En pocas palabras, no esperemos demasiado para vivir.

No pospongamos nuestro compromiso con la vida. Hoy debemos comenzar a transformar un sueño en realidad. Debemos hacerlo porque el tiempo es inflexible e impaciente, y espera que le dediquemos lo mejor de nuestras cualidades.

Hoy es el tiempo de una nueva oportunidad. No esperemos demasiado para que nuestros labios besen, para que nuestras bocas pidan perdón y para que nuestras manos acaricien. No posterguemos vivir.

Y si no es ahora, ¿cuándo?

Hace ya algunos años recuerdo haber leído un artículo cuyo autor manifestaba la idea de que millones que ahora viven, nunca morirán. Pocos días después, alguien le respondió: "Sí, pero la tragedia es que, millones que ahora viven, ya están muertos y no se han dado cuenta.

¿Qué hay sobre la vida durante la vida?"

La idea central de este libro es ofrecerte algunas herramientas para ayudarte a responder esta y otras preguntas que intentan provocar un estado de reflexión. Trata sobre la facultad de ser capaces de vivir con optimismo, con fe, con una actitud positiva; trata de mantener nuestra mente abierta a nuevas ideas, a la curiosidad y al deseo de aprender cada día. Trata sobre alimentar nuestro corazón y espíritu todos los días de nuestra vida y profundizar nuestra compasión, sobre hacernos más sensibles a la belleza del mundo y al milagro maravilloso de ser parte de él. Trata sobre comprender que el mundo es más grande que el "yo" y la necesidad de recuperar la emoción y el asombro. Trata sobre tener el valor de vernos cómo somos en realidad, y no cómo creemos ser. Trata sobre dar vida a palabras como: compartir, abrazar, llorar, reír, creer, querer, crecer, perdonar, oír y escuchar, sentir, dar. Trata sobre ser capaces de cruzar el desierto de nuestra vida, con sus desafíos, para llegar y conquistar la Tierra Prometida personal.

Y si no es ahora, ¿cuándo? es sobre tomar conciencia de que, junto con cada nuevo día, llega una nueva oportunidad única e irrepetible. Es sobre ya no posponer ni postergar. Es sobre arriesgar. Es sobre la urgencia de la vida.

Confieso que me fascina observar a la gente. A veces lo hago al caminar por la calle; a veces, sentado en la mesa de algún café; a veces, en un aeropuerto. Observo todo el tiempo y veo los rostros. Algunos reflejan tristeza, tal vez por la falta de un ser querido. Otros muestran incertidumbre y preocupación. Observo rostros que reflejan la angustia y el dolor por tener que enfrentar la fragilidad de la vida. Veo miradas solitarias y ojos que buscan reconciliarse con los otros y consigo mismos. Veo algunos rostros que sólo miran hacia el piso. Y también observo los felices rostros de alguna pareja que construye sueños, de padres que fueron bendecidos con una nueva vida o de abuelos sonrientes que pasean con sus nietos. Muchos caminan con pasos rápidos, pero sus rostros reflejan que, en realidad, arrastran su alma.

Cada rostro con su propia historia. Cada individuo, en el viaje de su vida, busca encontrar paz, serenidad, sabiduría. Cada uno se dirige a su Tierra Prometida personal mientras busca encontrar las partes faltantes en su vida. Cada uno con una silenciosa melodía en el alma.

¿Qué refleja tu rostro?

¿Puedes tomarte algunos minutos para recordar qué deseas en verdad de la vida, para decidir cuál será tu legado y para establecer hacia dónde eliges dirigirte? ¿Qué vida le has dado a tus días? ¿Qué has hecho con tu tiempo? ¿Puedo sugerirte que aproveches la oportunidad de entender tu vida, no como años que viviste sino como una serie de momentos relacionados entre sí? ¿Acaso podremos lograr que nuestra vida refleje la santidad del tiempo, y que el tiempo refleje la santidad de nuestra vida?

La verdad es que nunca parece haber suficiente tiempo. Parecemos expertos malabaristas que pueden mantener varias bolas en el aire a la vez, y creemos que podemos tener todo bajo control, hasta que, de repente, todo se nos cae encima y entonces, sólo entonces, pensamos sobre la urgencia de la vida.

¿Has tenido la oportunidad de ver la película *Click*? A invitación de mi nieta, la vi hace poco tiempo y te confieso que en algunas escenas me conmovió muchísimo, porque plantea cuestiones centrales en nuestra vida: cómo dedicarle tiempo a las cosas que en verdad importan cuando el pastel es rebanado en pedacitos cada vez más pequeños; cómo hacer muchas tareas a la vez sin perder el juicio o el alma; cómo estar presente en la vida de los tuyos. Trata sobre el peligro de vivir tu vida en piloto automático y sin haber estado cuando, donde y con quien deberías haber estado. De haber perdido los momentos significativos de tu vida por estar en presencia física en el lugar, pero ausente en la mente. Y, por fin, la película nos dice que, por buenos o malos que sean los tiempos, el nuestro es el único que tenemos, porque es el tiempo de nuestra vida.

Trata sobre descubrir que no sabemos administrar tiempo ni prioridades. Asumimos que después, mañana, otro día, habrá mucho tiempo para hacerlo. Y con frecuencia descubrimos, demasiado tarde, que no es así. Cada día pedimos a Dios una nueva oportunidad. Cada día pedimos a Dios sus bendiciones. Claro que nadie le dice: "Está bien, Diosito, sé que estás ocupado, puedes bendecirme mañana... ¿Qué? ¿Estás ocupado mañana? ¿Del martes en ocho? Ni modo. OK. Gracias." ¿Decimos eso? ¿Acaso le pedimos a Dios que nos bendiga la semana que entra? No, ¿verdad? Queremos esa bendición hoy y ya.

¿Sabes algo? Dios espera lo mismo de nosotros. Y también lo espera nuestra familia y nuestros amigos. También ellos necesitan nuestras bendiciones hoy. Necesitamos darnos el tiempo para estar ahí para ellos hoy. Por ello la relevancia del tiempo en tu vida. Por ello la importancia de tener conciencia de lo finito. Por ello la importancia de dedicar un tiempo para vernos a nosotros mismos, redescubrirnos. Tiempo y destino.

Cada uno leerá estas páginas a partir de su historia personal. Lo hará al evocar, por medio de la memoria y de los sentimientos, la historia de los días de su propia vida. Lo que resulta curioso es que, si bien cada historia de vida es única y diferente, en algún momento todos podremos identificarnos, porque tu vida, como la mía y la de otro lector anónimo, tienen preguntas y una búsqueda en común.

En la medida en que podamos responder a las preguntas que surjan en el camino que recorreremos durante tu lectura, tendremos los ingredientes para una vida más rica y para un tiempo de vida más significativo. Y tal vez entonces puedas comprender que el proyecto más importante debe ser lograr vivir una vida que refleje la santidad del tiempo, y un tiempo que refleje la santidad de tu vida.

Por ello, asegúrate de no vivir en piloto automático. Asegúrate de que las cosas que en verdad importan en tu vida, sean primero. Asegúrate de que las personas que son en verdad importantes en tu vida, sean primero. Porque este viaje es tu viaje y, sea el mejor o el peor, es el único que tienes, porque es el tiempo de tu vida.

Son muchos a quienes cada mañana los invade la sensación de estar debajo del agua y sin equipo de buceo. Sienten que se ahogan. Los invade la preocupación por sentir que se alejan de sus propósitos, de hacer realidad sus sueños. Y sienten que el derrotismo, la desesperanza, la impotencia y la falta de confianza los paralizan. Son los que cuentan sus maldiciones y olvidan sus bendiciones.

La verdad es que todos hemos cometido errores, todos hemos arruinado alguna cosa y todos, en algún momento del viaje de la vida, hemos sentido dolor y tristeza.

Pero éste es el momento de tu viaje en el que, como quien rema en su bote, debes mirar hacia atrás para poder avanzar. Es el momento de sacudirnos la indiferencia y el temor, y dar un nuevo vistazo a nuestra vida y a nuestros sueños. Es cuando tenemos que librarnos de palabras como "imposible", "no puedo", "no lo lograré". A nivel simbólico, es el tiempo de tomar en nuestras manos un trapito y limpiar el polvo que cubre nuestro corazón. Debemos buscar el arco iris en cada tormenta. Debemos hacerlo porque la vida es demasiado corta. No pospongas ni asumas que después tendrás tiempo. Podrías no tenerlo. Debemos hacerlo porque, si no es ahora, ¿cuándo?

¿Conoces la historia "El invitado del señor Smedley"? Cierta noche, mientras dormitaba tranquilo en su sofá, el señor Smedley recibió la visita inesperada de un extraño. El hombre le contó que el libro del señor Smedley había sido aclamado por la crítica internacional y que se había convertido en un *best seller*. Smedley lo interrumpió y le dijo que él había pensado en escribir un libro, pero que nunca llegó a hacerlo. Sin embargo, el invitado continuó con su charla acerca del libro y describió su contenido a detalle. Entonces el señor Smedley recordó que ése era justo el tema que él había pensado escribir. Luego el invitado se dirigió hacia el piano para ejecutar una bellísima melodía, y comentó que era una composición del señor Smedley. Una vez más, el señor Smedley alegó que había pensado, algún día, componer aquella pieza, pero que no había tenido tiempo. Cuando el invitado se levantó para retirarse, Smedley le agradeció la visita y le preguntó: "Discúlpeme, no escuché bien su nombre. ¿Quién es usted?" Y el visitante respondió: "Yo soy el hombre que usted pudo haber sido".

La urgencia de la vida: tiempo de ser, tiempo de responder.

¿Qué refleja tu rostro?

¿Cómo ser el hombre o la mujer que pude haber sido?

Y si no lo haces ahora, ¿cuándo?

¿Será que no puedo?

Hace poco leí sobre una maestra de cuarto de primaria que dejó a sus alumnos la tarea de escribir una lista de las cosas que creían que no podían hacer. Era una lista de "No puedo". No puedo patear una pelota, no puedo hacer divisiones con tres números, no puedo hacer que aquella niña me mire, etc.

Después de que cada quien terminó su lista, la maestra les pidió colocarla en una gran caja de zapatos y llevó ésta a una esquina del jardín. Con una pala y por turno, cada alumno ayudó a cavar un hoyo muy grande donde colocaron la caja entre todos, la cubrieron con tierra y escucharon las palabras de su maestra: "Estamos aquí reunidos este día para honrar el recuerdo de 'No puedo'. Mientras vivió, tocó la vida de todos nosotros. Le hemos dado a 'No puedo' un sitio para su descanso final. Le sobreviven sus hermanos 'Sí puedo', 'Sí lo haré', y 'Ahora mismo'. Que 'No puedo' descanse en paz".

La maestra cortó una enorme lápida de cartón y escribió las palabras "No puedo" arriba, y "Descanse en paz" abajo, junto con la fecha, y la colocó en el pizarrón por el resto del año escolar. Cuando algún un alumno decía "No puedo", la maestra le mostraba la lápida y el alumno entonces recordaba que a "No puedo" lo habían enterrado. Así, el alumno decidía volver a intentarlo.

Te propongo que hoy sea el día en el que te declares a ti mismo: "Sepultaré los 'No puedo' de mi vida porque, si quiero, puedo hacerlo."

Todo depende de ti, de tu voluntad para cambiar, de tu voluntad para perdonar, de eliminar las sombras que viajan contigo. No es una tarea fácil, pero es una desición importante que sólo tú puedes tomar. El desafío es poder curar las heridas que ocasionamos, rescatar relaciones congeladas, salir de las tinieblas de tu vida. Creer en ti. Creer que sí puedes lograrlo.

Alguien planteó la idea de que en determinados momentos de la vida nos encontramos "como una oruga que se enrolla en su crisálida, y que poco después surgirá como mariposa". Si has sido una oruga durante toda tu vida, hay aspectos de serlo que no te gustan pero no sabes ser otra cosa, necesitas valor para hacer el compromiso de convertirte en mariposa. Pero si estás dispuesto a tomar ese día en serio, si estás dispuesto a enterrar los "No puedo", a liberarte de tu sombra y de las cosas que deseas haber hecho de otra manera, entonces, sin duda, podrás ir al encuentro de ese nuevo ser que ha logrado enterrar los "No puedo" para dar lugar al optimismo, a la esperanza, a la tarea de transformarte en la mariposa que se encuentra dentro de ti, a la espera de poder volar.

Recuerda que, si así lo decides, no serás más un prisionero del pasado sino el arquitecto de tu futuro.

II

¿Qué me ha sucedido?

*La vida es un sueño;
es el despertar lo que nos mata[...].*

VIRGINIA WOOLF

◦⦆ ¿Qué me ha sucedido? ⦅◦

Cuando Gregorio Samsa despertó una mañana, después de una mala noche, se encontró a sí mismo convertido en un insecto gigante. Estaba de espaldas, como si trajera puesta una armadura pesada y, cuando levantó un poco la cabeza, podía ver su enorme estómago dividido en grandes secciones, encima de las cuales a duras penas podía sostener la cobija, y estaba a punto de resbalarse. Sus numerosas patas, las cuales eran mínimas en comparación con el resto de su enorme forma, se agitaban sin remedio ante sus ojos. "¿Qué me ha sucedido?", pensó. Pero no era un sueño.*

La primera vez que leí esta historia de Franz Kafka, cuando era estudiante, pensé que era una imaginativa pieza de surrealismo: una fantasía. Sobre todo, entendí que no se trataba de mí. Era el reflejo del mundo tortuoso, oscuro y angustioso del autor. No el mío. No mi mundo de luminosos y brillantes sueños, ambiciones y posibilidades.

Han pasado los años y ahora lo entiendo de otra manera. Ahora entiendo cómo uno puede despertarse angustiado, sentirse terriblemente solo, perdido, un exiliado en su propio mundo. Aprendí que, por un lado, está el mundo de todas las bendiciones y frustraciones, de todas las alegrías y tristezas de esa rutina que consume nuestras horas, días y semanas. Por

---

* Franz Kafka, *La metamorfosis.*

el otro lado, está la fría realidad de la sabiduría de un mundo que se nos revela tan frágil aunque, desde este lado, cada mañana sea un raro y precioso regalo. Entre los dos extremos estamos nosotros, arrastrados de uno a otro, en la búsqueda del equilibrio necesario.

Se me ocurrió pensar en una mañana que podría ser especial porque tú o yo decidimos convertirla en uno de esos momentos de metamorfosis en nuestra vida. Imaginé escuchar algunas voces, tal vez las voces de mi pasado, pero que seguro serán voces que nos pedirán que las recordemos, que nos hablarán de amor y de perdón, del dolor y del valor. Voces que nos obligarán a hacernos preguntas como la que una mañana se hizo Gregorio Samsa: ¿qué me ha sucedido?

Y entonces decidimos que esa mañana, ese día, debe servir para hacer una pausa, para contemplarnos a nosotros mismos sin la fricción cotidiana y examinarnos etapa por etapa, baldosa por baldosa. Y, en especial, debe ser un día no para llorar mentiras sino para contar verdades. Porque todos conocemos momentos de metamorfosis.

Una nueva vida: ser hermanos, ser pareja, ser padres, ser abuelos, ser bisabuelos. Hijos que se van de casa porque forman su propio hogar. Una nueva carrera, un nuevo trabajo. Una nueva relación o una relación que se termina. La angustia de una enfermedad, la tristeza de una muerte. Todos conocemos las metamorfosis que nos generan crecimiento y cambio, las metamorfosis que nos produce el tiempo.

¿Qué somos, qué es nuestra vida, cuál es nuestra fuerza y cuál es nuestro heroísmo? Algunos, apoyados en su fe, rezan a Dios, pero yo creo que no podemos pedirle a Dios que nos proteja de vivir la vida, que nos evite enfrentar las metamorfosis de la vida. Esa plegaria no tendrá respuesta. Tal vez podríamos pedir sabiduría e inspiración, y adquirir un nuevo sentido del propósito de nuestra vida. Sabiduría e inspiración para que tratemos de volvernos causa, y no efecto, de nuestras palabras y acciones. Sabiduría e inspiración para poder recuperar la visión y la misión.

Por desgracia, la gran mayoría de nosotros parece caminar por la vida "de puntitas", en silencio y a escondidas, como si nuestra meta más importante fuera sólo llegar a salvo al otro lado sin que nadie se dé cuenta de que pasamos por aquí. En el trayecto abandonamos sueños, proyectos, principios, emociones, sentimientos, valores y tradiciones. Como el personaje de Kafka, dejamos de reconocernos. Sólo a través de un renovado sentido del propósito, encontramos la manera de vivir sin enojo, sin amargura, sin desesperación, sin temor. Una vez que obtenemos el por qué, podemos enfrentar el cómo.

Cierta vez, un buque de guerra navegaba en alta mar en medio de una espesa niebla. La visibilidad era casi nula, así que el capitán se quedó en el puente de mando para asegurarse de que todo marchara bien. Poco antes de medianoche, el vigía le reportó: "Señor, hay una luz frente a nosotros". El capitán preguntó: "¿Está fija o se aleja?", el vigía respondió: "Fija, mi capitán, y está justo frente a nosotros". El capitán le llamó al guardavía y ordenó: "Mande señales al barco que está frente a nosotros, que cambie su curso en 20 grados". El guardavía obedeció y volvió con la respuesta: "Usted cambie de curso en 20 grados". El capitán estaba ofendido. "Respóndale: 'Soy un capitán, así que usted debe cambiar de curso en 20 grados'." La respuesta no demoró: "Yo soy un marino de segunda clase, pero usted debe cambiar de curso en 20 grados". Para entonces, el capitán estaba furioso. Dijo: "Responda con este mensaje: '¡Cambie de curso en 20 grados, soy un buque de guerra!'" Y la respuesta fue: "Yo soy un faro." Cambiaron su curso de inmediato.

No te cuento esta historia sólo porque es chistosa. Te la cuento porque explica la razón por la cual me permito llegar a ti con este libro. Te la cuento para, de alguna manera, plantear cuál es nuestra tarea ineludible.

Vivimos en un mundo lleno de niebla que afecta nuestra vista y nuestros sentimientos. Un mundo donde es muy fácil desviarse sin siquiera notarlo. Y este día de metamorfosis es cuando debemos revisar el curso de nuestra vida y hacer los ajustes necesarios. Es momento de renovar el sentido denuestro propósito, de recobrar la dimensión espiritual de la vida. Es cuando puedo reconocer lo que debo cambiar, y hacer algo al respecto. Es el momento que sirve para recuperarel equilibrio y volver a ser habitante de mi propio mundo personal. Es momento de permitir que el faro de nuestra fe yde nuestros valores pueda iluminar, a través de la niebla, el muchas veces tortuoso y oscuro camino de nuestra vida.

Han pasado los años y ahora entiendo a Gregorio Samsa de otra forma. Ahora entiendo cómo puede uno despertarse angustiado y sentirse terriblemente solo, perdido, un exiliado en su propio mundo. Cuando así lo sientas, cuando te sientas como Gregorio Samsa, quiero que recuerdes las palabras de Najman de Bratzlav cuando enseñó:

> *El mundo completo, toda nuestra experiencia, toda la vida es cuestión de cruzar un puente angosto, inestable y frágil. Pero lo más importante es que sólo recuerdes esto: no temas.*

Muchas mañanas nos despertamos angustiados, tristes, nos sentimos exiliados de nuestro propio mundo. Es cuando, como Samsa, nos preguntamos: *¿Qué me ha sucedido?* Es entonces cuando la urgencia del tiempo nos empuja a reconquistar nuestro propio mundo, nuestros sueños y nuestra vida.

Puedes seguir postergando vivir. Puedes ser como Gregorio Samsa e ignorarlo o puedes decidir tomar el control de tu vida y comenzar por responderte una pregunta que significará todo el cambio, cada mañana, del resto de tu vida: Y si no es ahora… ¿cuándo?

❧ *Volver a casa* ❧

En su libro *El lenguaje de la fe*, Robert Dewey cuenta la historia de un hombre y un muchacho que comparten asiento y una larga vigilia en un viaje por tren. La mirada en el rostro del muchacho era de preocupación. ¿Qué podría preocuparlo? ¿Sería vergüenza o temor? El hombre está seguro de que el muchacho lucha por no soltar el llanto. El joven mira por la ventana hasta que, por fin, le pregunta al hombre cuánto falta para llegar a Smithville. "¿Te diriges ahí?", le pregunta. "Sí", contesta. "Es un pueblo muy pequeño, ¿verdad? ¿Vives ahí?" "Sí, es decir, vivía", respondió el muchacho de nuevo. "¿Y vas de regreso?" "Sí, es decir, creo que sí, tal vez…" La pregunta hace que el muchacho vuelva a mirar hacia la ventana.

Pasa un buen rato hasta que vuelve a hablar y relata que hace cuatro años hizo algo malo y, como no pudo enfrentar a su padre, huyó. Desde entonces trabajó sin quedarse nunca por mucho tiempo en un solo lugar. Había aprendido sobre el dolor de la vida. Casi siempre le faltaba dinero, a veces estaba enfermo, por lo general estaba solo y de vez en cuando se metía en problemas. Había decidido volver a casa de su padre. "¿Tu padre sabe que vienes?" "Sí", respondió el muchacho. "Supongo que irá a recibirte." "Tal vez. No lo sé." Silencio de nuevo, y una larga mirada por la ventana. He aquí el resto de la historia:

Le mandé una carta. No estaba seguro de que pudiera perdonarme. Nunca le había escrito. Sé cuánto lo herí. Así que le escribí que vendría a casa si él así lo quería. Hay un árbol a unos metros de la estación. Mi papá, mi hermano y yo solíamos treparnos a ese árbol todo el tiempo. En la carta le escribí a mi papá que, si me perdonaba y quería recibirme en su casa, pusiera un trapo en una de las ramas en ese árbol. Si hay un trapo ahí, me bajaré. Si no, sólo continuaré en el tren, no sé hacia dónde.

41

El tren corre por la noche hacia su destino. Poco después, se oye el anuncio: "Próxima parada: Smithville". El muchacho rompe el silencio. "¿Puede usted ver por mí? Tengo un poco de miedo, no sé qué esperar." Así que intercambian sus asientos. El muchacho permanece inmóvil; no dice nada y hunde la cabeza entre las manos. El hombre busca en la oscuridad. Entonces, lo ve y grita. Grita tan fuerte que todos en el vagón lo escuchan: "¡Hijo, el árbol está lleno de trapos! ¡El árbol está lleno de trapos!"

No puedo leer esta historia sin sentirme conmovido. Quizá sea porque es una historia tan personal, tan llena de compasión; quizá sea porque es una historia con la que cada uno de nosotros puede identificarse en algún momento de su vida. De hecho, cuando leí que el hombre de la historia gritó, lo oí gritar y vi ese árbol. Un árbol donde puedes tocar y ver la misericordia, la aceptación, la afirmación y el amor. Me emociona sentir que cada uno de nosotros es el hijo, y a la vez me emociona saber que también cada uno es el padre. Porque, mientras espero ver ese árbol lleno de trapos, tengo también la oportunidad de llenar con trapos mi árbol personal, como una señal para aquellos que tocan mi vida.

¿Verdad que todos hacemos ese viaje? Queremos volver a casa. Entonces, como en el relato, arrepentidos, nos colocamos a merced del perdón y del amor del padre. Todos nosotros somos el muchacho, pero también somos el padre y reconocemos y confesamos que nos equivocamos, que a lo largo del viaje hemos cometido errores de los que hoy nos arrepentimos. Todos necesitamos del perdón. Queremos volver a casa. ¿Podremos?

Entonces, el hombre grita: "¡Hijo, el árbol está lleno de trapos!"

Cada uno es un pasajero con su propia historia, un pasajero que –junto a los demás– viaja en el mismo vagón hacia un destino común. Debemos cuidarnos unos a otros, debemos rezar en nombre de todos. Sólo así el viaje tiene sentido y destino. Para que cada individuo pueda ser yo, debe formar parte del nosotros.

¿Recuerdan la primera pregunta que se formula en las primeras páginas de la Biblia? Dios pregunta: "Adán, ¿dónde estás?" Y, ¿dónde estaba Adán? Se ocultaba de Dios. Ocultarnos es algo que hacemos muy bien. Pero la pregunta obligada para cada uno de nosotros es: ¿Dónde estás, dónde te encuentras en el viaje de tu vida? Porque, si queremos volver a casa y miramos por la ventana de nuestro corazón, debemos responder con honestidad.

Lo más común es que nos escondamos de nuestros errores, de nuestros defectos. ¿Quién quiere aceptar que en ocasiones fracasa en lo que debería ser? Debes saber que los fracasos son parte del sistema humano. Pero el peligro es que, en lugar de arriesgarte a regresar, en lugar de ver tu verdadero rostro, prefieres poner nuevo maquillaje sobre el viejo.

También somos expertos en ocultarnos de nuestros sentimientos de insuficiencia y los convertimos en lo que yo llamo el síndrome "totalmente Palacio". Comemos, dormimos y bebemos nuestras envidias. Los celos nos matan, nos carcomen. Con frecuencia jugamos el juego de medir y comparar. ¿Cómo nos sobreponemos a este aspecto de nuestro estilo de vida? Permíteme sugerirte la plegaria. No como una cura, sino como una forma de ir más allá de ti mismo y conectarte con una fuente de energía más grande que nosotros. Porque, al orar, aprendes a incluir la gratitud en tu vida y, cuando la alcances, te darás cuenta de que en la gratitud hay muy poco espacio para esconderte detrás de valores falsos.

¿Dónde estás, dónde te encuentras en el viaje de tu vida?

Si queremos volver a casa y mirar por la ventana de nuestro corazón, debemos responder con honestidad. Debemos salir de nuestro escondite y buscar lo mejor de cada uno. Hoy, tú y yo somos el muchacho de la historia, y también somos el padre.

Queremos volver a casa. Nuestro Padre nos dice: "Déjame ver tu rostro, déjame escuchar tu voz". Pero, para que Él te reconozca, debes salir de tu escondite y quitarte la máscara.

Una mujer llevó a su hijo, que era principiante, a un recital de piano. Mientras la madre platicaba con otro adulto, el pequeño se escabulló. Las luces se apagaron, el escenario se iluminó y el público guardó silencio. Entonces, todos vieron que había un niño sentado al piano y tocaba con suavidad las notas de "Estrellita". Su madre intentó ponerse de pie, pero el maestro pianista apareció sobre el escenario y, después de colocarse los dedos sobre los labios para pedir silencio, se dirigió hacia el teclado. "No dejes de tocar", le susurró al pequeño. Se inclinó sobre él y, con la mano izquierda, comenzó a tocar el acompañamiento. Luego, su brazo derecho rodeó al niño y tocó el *obbligato*. Juntos, el maestro y el principiante mantuvieron al público atónito.

Así sucede con nosotros. Todos somos principiantes en el teclado de la vida: la mayoría de nosotros nos ocultamos de nuestros fracasos y temores, de nuestras decepciones y de nuestra respuesta ante nuestro prójimo. El arrepentimiento, la plegaria y el sentimiento de comunión, de estar juntos, de compartir este viaje, de compartir esta bellísima aventura que es vivir, son las notas que necesitamos para formar las mejores melodías de la vida.

Y el Gran Maestro nos anima a tener fe. Nos rodea y nos susurra: "No te ocultes, continúa tocando más fuerte y mejor. Que la música de tu vida te saque de tu escondite, que la música de tu vida refleje lo mejor que hay dentro de ti".

III

Dejar ir

No nacimos para dejar ir.
MARCELO RITTNER

Dos cajas

Tengo en mi mano dos cajas
que Dios me ha dado para que las guarde.
Me dijo: "Pon todas tus tristezas en la caja negra,
y todas tus alegrías en la caja dorada".
Yo seguí Sus palabras y en las dos cajas guardé
tanto mis tristezas como mis alegrías.
Pero noté que, mientras la caja dorada
cada día estaba más pesada,
la caja negra cada día pesaba menos.
Con curiosidad, abrí la caja negra;
quería descubrir por qué.
Y descubrí que, en la base de la caja, había un hoyo
por el cual mis tristezas desaparecían.
Le mostré la caja con el hoyo a Dios y ponderé:
"Me pregunto ¿dónde podrán estar todas mis tristezas?"
Dios sonrió y respondió:
"Hijo, están aquí, conmigo".
Le pregunté, entonces, por qué me dio las dos cajas.
¿Por qué me dio la caja negra con un hoyo?
"Hijo, la dorada es para que cuentes tus bendiciones.
La negra es para que puedas olvidar tus tristezas."

Anónimo

ꙮ Dejar ir ꙮ

Fue un sábado por la noche, hace ya algunos años, que la dejé ir. En realidad fue ella quien me dejó ir a mí. Ya lo había hecho en ocasiones anteriores, durante lapsos cortos, en susviajes escolares, con sus amigas o cuando viajaba a visitar a su familia en Brasil. Pero esta vez era diferente, y ambos lo sabíamos. Después de 22 años en casa, uno pensaría que sería fácil exclamar: "Sé feliz, te queremos mucho". Pienso que es la cuarta cosa más difícil que he tenido que hacer en mi vida.

Mientras caminaba con mi hija hacia el palio nupcial en la noche de su boda, la veía radiante y sabía que ella comenzaba una nueva etapa en su vida. Mi corazón me decía que todo estaría bien. Nunca tuve duda alguna sobre su talento y su enorme deseo de triunfar. Fui testigo de ello durante 22 años.

Lo que sucedió fue que yo supe, en ese abrazo, en ese beso y en nuestras palabras de separación, que aunque siempre seríamos amigos, padre e hija, Sharon nunca volvería a ser de la misma manera que había sido con nosotros hasta ese día. Me fue difícil en extremo dejarla ir.

Estoy seguro de que muchos de ustedes, como padres, ya lo vivieron, y otros lo vivirán. Dejar ir no es fácil. No nacimos para dejar ir.

Alguna vez aprendí que los bebés nacen con los puños apretados para señalar que venimos a este mundo con un instinto que nos hace asirnos, sujetarnos a la vida. Pero, cuando morimos, nuestras manos están abiertas para enseñarnos que no llevamos nada con nosotros. La verdad es que sólo en la muerte dejamos ir de verdad.

Éste es un comportamiento que es necesario aprender. Las aves estimulan a sus polluelos a abandonar el nido; muchos animales salvajes ahuyentan a sus crías en cierta etapa de sus vidas para que se valgan por sí mismas o formen nuevos grupos. Pero nosotros, los seres humanos, tendemos a aferrarnos. Somos determinados, obstinados, posesivos. Nos sujetamos de posesiones físicas, las acumulamos, las sopesamos, las valoramos... y las dejamos ir sólo cuando nos vemos obligados a ello. Lo hacemos porque pensamos que aferrarnos significa seguridad o estabilidad. Sin embargo, con mayor frecuencia de la que notamos, y aquí está la ironía, cuanto más nos aferrarnos es cuanto más perdemos.

Hace algunos años, Karl Walenda, el patriarca de la famosa familia Walenda de equilibristas, empezó a cruzar un cable tendido entre las torres de dos rascacielos. Ráfagas de viento lo golpeaban mientras avanzaba con lentitud, con su vara de equilibrio en las manos. Las ondulaciones de las altas torres hacían que el cable bailara bajo sus pies. Ya había realizado este acto con anterioridad y, con frecuencia, bajo las mismas difíciles condiciones, pero éste sería su último intento. Luchó por conservar el equilibrio, y perdió. Se aferró a la vara de equilibrio, pero no lo logró y cayó.

Los equilibristas de la cuerda floja dependen de la vara de equilibrio. Al moverla de lado a lado compensan los movimientos del viento y del cable bajo sus pies. Sin embargo, cuando el equilibrio se ha perdido, la vara debe ser desechada de inmediato y el acróbata debe aferrarse al cable. Soltarse de la vara, dejarla ir, es fundamental. Karl Walenda se aferró demasiado y lo perdió todo.

Claro está que dejar ir no significa rendirse. No debemos ser de aquellos que se dan por vencidos. Dejar ir no significa renunciar a nuestra responsabilidad ante otros. Dejar ir no significa culpar a otras personas de nuestras faltas o frustraciones. Dejar ir no significa escapar del mundo o de los dilemas y dificultades de la vida real; no significa deteriorarse, drogarse o emborracharse, ni renunciar al dominio de uno mismo.

Entonces, la pregunta es: ¿qué debemos dejar ir?

Son tantas cosas... Te diría que debemos dejar ir nuestras penas, aquellas que cargamos por la pérdida de nuestros seres queridos. ¿Quién de nosotros no ha perdido alguna amistad, cónyuge, hermano, padres, abuelos, hijos? Por desgracia, muchos nos identificarnos con estos ejemplos.

La pena es una tarea difícil. Sin embargo, si nos aferramos demasiado tiempo a nuestra tristeza, a nuestra soledad o a nuestra sensación de aislamiento, entonces es como si muriéramos con nuestro ser querido. Deja ir la pena lentamente, pero déjala ir y, con el recuerdo, vuelve a vivir tu vida: la vida que te fue dada.

También tenemos que dejar ir las penas relacionadas con nuestro pasado, lo que alguna vez fue. Nuestros fracasos, las relaciones terminadas, los sentimientos de culpa o la sensación de vergüenza. También nos pesan y no sabemos cómo deshacernos de ellos.

Debemos dejar ir el dolor que se encuentra en nuestras decepciones, aquellos sueños que no resultaron como los habíamos planeado, las expectativas que nunca se hicieron realidad. Debemos aprender a movernos en las cuerdas flojas de la vida; debemos soltar las cargas que llevamos y que amenazan con arrastrarnos al abismo emocional; debemos dejar ir los viejos sueños y encontrar nuevos.

Tenemos que hacerlo porque, si no dejamos ir nuestras penas, viviremos en el ayer. La ironía es que justo ésa es la pena más grave.

También tenemos que dejar ir nuestra ira. Más fácil decirlo que hacerlo, pero te pido que la dejes ir porque el enojo nunca convertirá un hecho negativo en uno positivo. ¿No es admirable la cantidad de energía que empleamos para vengarnos de cualquier desaire u ofensa? A alguien lo dejaron plantado y se siente por ello ofendido. Otro guarda un rencor inexorable contra sus padres o parientes por no haber dicho lo correcto en el momento adecuado, por no haber hecho lo suficiente, por no haber estado ahí o por haber estado ahí demasiado, por entrometerse o por no interesarse. La lista no tiene fin.

Debemos dejar ir nuestro enojo y nuestro egoísmo. A través del tiempo he visto cómo el egoísmo destruye amistades, sociedades y familias. Aprende a ser más generoso. Deja ir parte de lo que posees para que otros puedan vivir también. Es importante estar dispuestos a devolver algo, y no sólo me refiero a bienes materiales. Da un poco de tu tiempo, de tu calidez, de tus ideas... comparte la esperanza, comparte tu emoción. Con acciones nobles, ayuda a iluminar un mundo oscuro.

Sé generoso con la vida porque, en nuestro egoísmo, nos hemos convertido apenas en colectores y hemos dejado de ser repartidores.

Un querido maestro, el rabino Shlomo Carlebach, cuando era adolescente llegó a Estados Unidos desde Austria. Llegó como refugiado de la persecución nazi y, ya en su nuevo hogar, se convirtió en gran cantante de melodías espirituales, además de ser un maravilloso relator de cuentos. Viajó por todo el mundo y dio conciertos para todo tipo de públicos.

En una ocasión, cuando viajaba para presentarse en Austria y Alemania, su ocasional compañero de asiento en el avión, sorprendido, le preguntó: "¿Cómo es que puedes volver a esos lugares? ¿Cómo puedes dar conciertos ahí? Después de todo el sufrimiento que ocasionaron a ti y a tu familia, ¿acaso no los odias?"

Carlebach respondió: "Si tuviera dos almas, dedicaría una entera a odiarlos todo el tiempo... pero no es así. Sólo tengo un alma, así que no voy a desperdiciarla en el odio".

Te cuento esto porque creo que se refiere a todos los odios y rencores que todos nosotros cargamos y llevamos dentro. Lo que él nos enseña es que hoy es momento de decirnos: "Ya no necesito esto. No necesito cargar este equipaje por todas partes; quiero viajar por mi vida más leve, más liviano. Voy a perdonar. Si no puedo hacerlo, entonces voy a olvidar;

no porque la persona que me hizo daño se lo merezca, sino porque esa persona no merece ejercer tanto poder sobre mi vida. Debo dejar ir".

Aprovechemos el nuevo día, la nueva oportunidad, para aprender a dejar ir todo aquello que nos torna incompletos y nos hace pequeños seres humanos, con pequeños corazones llenos de sentimientos pequeños.

Debemos hacerlo, porque vivir y creer que al aferrarnos tendremos equilibrio es cuando, a veces, más perdemos.

¿Qué recordar?

En computación, la palabra "memoria" es importante. Ya aprendí que la calidad de un disco duro se mide según el volumen de su capacidad de memoria. Es seguro que a muchos les sucede, como a mí a veces, que cuando intento escribir algo o guardar alguna información, aparece en la pantalla el mensaje: "Memoria insuficiente".

Entonces debo borrar alguna información guardada para tener espacio libre y poder continuar. Este proceso me llevó a preguntarme: si esto puede pasarle a la poderosa computadora, ¿no podría pasarnos a nosotros, simples mortales?

Porque, piensa por un instante, ¿cuánto podemos recordar? ¿Toda nuestra niñez; incluso, según algunos, experiencias prenatales, 40, 60 u 80 años de vida? ¿Todas las personas, las escuelas, los trabajos, los viajes, los errores, las cosas buenas y malas? ¿Qué debemos recordar y qué debemos olvidar?

Cuando nuestros discos de memoria están repletos de trabajo, deportes, cuentas bancarias, vacaciones, fiestas, crisis, compromisos, reuniones, tráfico, amenazas, ataques suicidas, correo electrónico, Internet, llamadas pendientes, ¿cuánto más espacio libre nos queda? Creo que padecemos de tener demasiado para recordar. Pero también padecemos de haber olvidado demasiado.

Los psicólogos señalan que debemos enfrentarnos al trauma, a la pena, a la frustración, y que debemos expresar nuestros sentimientos, pero después de pasar por la catarsis de la memoria completa, debemos eliminar los recuerdos negativos y avanzar. Creo que es una buena receta para la vida.

Mi padre, en bendita memoria, solía repetir: "Lo que recordamos, Dios puede elegir olvidar. Lo que olvidamos, Dios insiste en recordar".

Moraleja: Estamos más que felices de recordar las cosas

buenas, de las cuales nos enorgullecemos. Las cosas malas, que "casualmente" solemos olvidar, puede ser que Dios insista en que las recordemos hasta que asumamos la responsabilidad.

Puede ser que nuestros discos duros de memoria sean insuficientes, que estén sobrecargados de cosas triviales o estén bloqueados por sentimientos de culpa, valores con prejuicios y cargas de ego. Pero hay momentos en que debemos revisar nuestro equipo de cómputo, nuestra mente y corazón, y borrar las cosas inútiles, que es todo lo que nos hace funcionar con mayor lentitud.

Es seguro que estaremos de acuerdo en esto: hasta no hace muchos años, muy rara vez se escuchaba hablar de la enfermedad de Alzheimer. Hoy, todo el mundo habla de ella. La ciencia aún no sabe cuál es la verdadera causa y, a pesar de las muchas investigaciones en marcha, por desgracia aún no existe una cura para la enfermedad. Aunque sabemos que millones de personas en el mundo la padecen, yo creo que muchos más la sufren y ni siquiera lo saben. No es que sufran la enfermedad en sí pero, sin duda alguna, padecen los síntomas. De ser Alzheimer una palabra desconocida, hoy produce ansiedad y temor escucharla.

Conforme envejecemos, todos tenemos "momentos de senilidad". Es parte de un proceso natural. Ves a alguien que has conocido la mayor parte de tu vida y no puedes ni recordar su nombre. Abres el refrigerador y no recuerdas para qué. Tratas de no prestarle atención o hacer bromas al respecto, pero algo en el fondo de tu mente te dice que no es un chiste. Y te preocupas.

Lo anterior me recuerda la historia de dos viudos, de edad muy avanzada, que eran amigos desde hacía muchos años. Durante una cena, sentados en la misma mesa, él no dejaba de observarla con admiración, hasta que se armó de valor y le preguntó: "¿Quieres casarte conmigo?" Después de unos seis segundos de "pensarlo bien", ella respondió: "Sí quiero." Al final de la velada, cada quien se marchó a su casa. A la mañana siguiente, él estaba preocupado porque no podía recordar si ella había dicho que sí o que no. Por más que trataba, no podía acordarse. Preocupado, decidió llamarla. Primero, le explicó que ya no recordaba las cosas tan bien como antes y, después, nervioso, le preguntó: "Cuando ayer te pedí que te casaras conmigo, ¿dijiste que sí o que no?", a lo que ella respondió: "¡Dije que sí, y de corazón! Además, no sabes qué gusto me da que me llames, porque ¡no podía acordarme quién me lo pidió!"

¿No te ha sucedido que estás frente al refrigerador, con la puerta abierta, y te preguntas qué era lo que buscabas? ¿O llamar a alguien por teléfono y, cuando te contestan, tratar de recordar a quién llamaste y por qué? ¡Ni hablar de recordar dónde quedaron los anteojos! Si tienes menos de 40 años, tal vez no sepas de qué te hablo. Pero, créeme, ¡ya te enterarás!

El hecho es que preservar nuestra memoria se ha convertido en un tema relevante en el siglo XXI.

Alguna vez leí que existen tres tipos de exilio: el primero es cuando una nación está exiliada de entre las naciones. El segundo es cuando un ser humano está exiliado de entre los seres humanos. Y el tercero, cuando un ser humano se exilia de sí mismo.

Hay familias en las que varios de sus miembros están en exilio, aislados; familias en las que sus integrantes no se hablan entre sí. Hay padres que no hablan con sus hijos e hijos que no hablan con sus padres. Hay hermanos que no se hablan. Hay amigos de toda la vida que se alejan. Hay familias completas que viven en el exilio. Sin embargo, hay momentos en la vida en que olvidar es absolutamente esencial para vivir mejor. Son momentos en los que pedimos a Dios que recuerde y olvide. Que recuerde nuestros méritos, y perdone y olvide nuestras imperfecciones.

¿Será que tú o yo somos capaces de perdonar? ¿O piensas que el perdón es sólo asunto de Dios? Yo sé que algunos están enojados con Dios. Algunos sentimos que tenemos salud frágil, afrontamos problemas en el negocio o en el trabajo, padecemos problemas familiares, nos dolemos por una muerte antes de tiempo, y preguntamos: "Dios, ¿por qué yo? ¿Qué hice para merecer esto?" A estas personas les digo: no culpen a Dios. No se culpen a ustedes mismos. Ésa no es la forma en que funciona el sistema.

Un pasaje del *Talmud*⁕ lo deja muy claro en un relato sobre un hombre que manda a su hijo a trepar por una escalera para recolectar los huevos de ave del nido. El hijo sube y cumple con dos mandamientos positivos cuya recompensa es prolongar los días de vida. Pero, cuando baja de la escalera, cae y muere. Los rabinos intentaron explicar qué sucedió y discutían: "Tal vez la historia no sucedió". "Imposible", dice otro rabino. "Bueno, quizá ese niño tenía pensamientos impuros." "No, porque estaba en camino de realizar una buena acción." Entonces, llegó un tercer rabino y dio la verdadera razón de la muerte: "El niño cayó porque la escalera estaba floja. Por eso cayó; no porque Dios lo castigara por alguna falta cometida. Cayó porque la escalera estaba floja".

Así que les pido disculpar a Dios por haber creado un mundo imperfecto, con enfermedades malignas, conductores ebrios, accidentes de avión, terroristas y tantas cosas más que van más allá de nuestra capacidad de prevenir o, siquiera, comprender.

Cuando algunos declaran: "siento que Dios debería perdonarme", debo preguntar: "¿serás tú capaz de perdonar a los otros?". "Pobre rabino, qué ingenuo. ¿Sabes qué me hizo? ¿Sabes lo que dijo? ¿Cómo puedo perdonarlo?" Hemos sido heridos. Estamos enojados y resentidos. "¿Cómo pudo hacerme esto a mí?" Y cargamos con ese fardo de dolor y resentimiento.

⁕ Obra que recoge las discusiones rabínicas sobre leyes, tradiciones, costumbres, leyendas e historias judías.

¿Recuerdan la escena de la película *Avalon?* La noche de Acción de Gracias hay una cena y el tío, quien por tradición corta el pavo, no ha llegado. La familia se cansa de esperarlo, así que alguien más corta el pavo. Tan pronto como termina de hacerlo, el tío llega y dice: "¿Cortaron el pavo sin mí?" Se ofende y, a partir de entonces, sólo hay problemas. Nunca vuelve la familia a sentarse en la misma mesa, hasta que la muerte de uno de ellos los vuelve a reunir. Pero, entonces, ya es demasiado tarde y no puede arreglarse nada.

Luego la familia llora por todas las comidas que pudo haber compartido y por todos los años que perdió porque alguien más cortó el pavo sin esperar al tío. Conozco tantas familias así...

Claro que perdonar no significa que uno debe volverse amnésico. Perdonar, reconciliarte, no significa olvidar. Significa no permitir que ofensas y dolores personales se conviertan en el centro de tu existencia y la consuman. Perdonar no es olvidar. Nadie espera que olvides.

Pero tratar de crear espacio en el disco duro al eliminar memorias innecesarias, ciertamente nos ayuda a sanar y arreglar nuestra vida. Familias, hermanos y hermanas, parejas, padres e hijos, amigos. Para que la vida tenga algún significado, debes arreglar lo que retrasa tu viaje. La vida es demasiado frágil, demasiado valiosa, para desperdiciarla.

Perdona a Dios, perdona a los otros y perdónate a ti mismo. Sí, a ti mismo, porque con frecuencia nosotros mismos causamos nuestras heridas y decepciones. Recuerda que Dios no creó un mundo de ángeles, creó un mundo de seres humanos con defectos humanos. Les digo esto porque *todos envejecemos demasiado pronto pero nos volvemos sabios demasiado tarde.*

Mitch Albom escribió un bellísimo libro titulado *Martes con el viejo profesor.* En un pasaje transmite las palabras de su amigo, el profesor Morris:

Si hay alguien que te importe y estás peleado con él o ella, déjalo ir. Di que estabas equivocado, incluso si piensas que estás en lo correcto. Porque, te prometo, cuando llegues a este punto en tu vida, no te importará quién tenía la razón y quién no.

Yo lamento también que tantas relaciones puedan arreglarse y que el orgullo lo impida. Si tan sólo pudieras pronunciar esas palabras de reconciliación. Si pudieras olvidar lo que debe ser olvidado; actuar como si esos sucesos ya no tuvieran lugar en tu memoria. Deja la ira y abre tu corazón. Comienza a perforar el muro del silencio. Sacrifica. Ten el valor de dar el primer paso, de decir la primera palabra. No termines este día como lo comenzaste porque, si pudieras sanar y arreglar viejas heridas, si fueras capaz de perdonar y olvidar, y si pudieras reconciliarte con Dios, con los otros y contigo mismo, entonces, lograrías un verdadero día para recordar.

Sí, tenemos memoria insuficiente, pero sabemos que la memoria del alma existe. Tratemos entonces de borrar los enojos, los rencores, todo aquello que ocupa espacio innecesario, pues hace lento nuestro funcionamiento y bloquea nuestros sentimientos. En el nuevo espacio libre guardemos bellas memorias, palabras de afecto y actos de nobleza.

Que nuestra forma de amnesia emocional y espiritual no nos impida vivir. Si en efecto, sólo tenemos memoria limitada, ¿qué eliges recordar y qué eliges borrar?

❦ *Limpieza* ❦

La semana pasada tiré el "Preocuparme",
estaba poniéndose viejo y me estorbaba.
Me impedía ser yo mismo; no podía actuar a mi modo.
Tiré esas inhibiciones; no dejaban lugar para mí.
Hice lugar para mi "Nuevo Crecimiento",
me deshice de mis viejos sueños y dudas.
Tiré un libro sobre "Mi Pasado".
(Igual no tenía tiempo para leerlo.)
Lo remplacé con "Nuevas Metas",
y empecé a leerlo hoy.
Tiré los juguetes de mi niñez.
¿Recuerdan cuánto los atesoraba yo?
Conseguí una "Nueva Filosofía".
También tiré la de mucho tiempo atrás.
Tiré "Podría", "Yo Haría" y "Debería".
Ah, si hubieran visto el polvo...
Compré algunos nuevos libros también,
titulados "Puedo", "Haré", "Debo".
Me topé con un "Viejo Amigo";
no lo había visto hacía bastante.
Creo que su nombre es Dios.
Sí, realmente me gusta Su forma de ser.
Me ayudó con la limpieza
y Él mismo agregó algunas cosas:
Plegaria, Esperanza, Fe, Amor,
las puse en mis labios y en mi corazón.
Tomé otra cosa especial
y la puse en la puerta principal.
Con la limpieza la encontré, se llama "Paz".
Ya nada puede abatirme.
Sí, ahora mi casa está en orden.

Todo se ve bien.
Para cosas como "Preocupaciones" y "Problemas"
simplemente ya no hay lugar.
Es bueno limpiar la casa,
deshacerse de lo viejo acumulado.
Realmente hace todo más alegre.
La casa se ve más iluminada y yo, más leve.
Tal vez también tú deberías tratar de hacerlo.

Anónimo

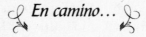 *En camino…*

Los sabios afirmaron: "Arrepiéntete un día antes de tu muerte". Sin embargo, se cuestionaron: "¿Cómo podremos hacerlo si no sabemos cuándo será ese día?", por tanto, concluyeron: "Arrepiéntete cada día de tu vida". Ellos querían insistir en que debemos tomar conciencia de cómo hacemos nuestro viaje día a día. Sobre cómo lo vivimos. En especial, tener presente que deberemos rendir cuentas de nuestras palabras, acciones y sentimientos.

Muchas veces tengo una imagen similar a la sensación que da volver de viaje. Te explico. Siempre que llegas, en el aeropuerto debes vivir la experiencia de pasar por la aduana. Aunque sabes que tu equipaje está en orden y que no traes nada indebido, ningún tipo de contrabando, existe una ansiedad que va en aumento a medida que se acerca el momento de apretar el famoso botón para ver si debes pasar la revisión o puedes seguir tu camino. Y la ansiedad llega al punto máximo cuando el funcionario, con mirada desconfiada, te pregunta: "¿Tiene algo para declarar?"

Siempre he pensado que hay una época del año que crea un impacto paralelo y similar en la vida: cuando te preparas para cruzar la frontera entre un año y otro. Lo haces con la esperanza de que Dios te bendiga con vida, para que puedas continuar el camino.

Es en ese momento cuando se me presenta la imagen de Dios que le pregunta a cada pasajero: "¿Tienes algo para declarar?". Esto a pesar de que, en la gran mayoría de los casos, no llevamos en nuestro equipaje ningún contrabando. Sin embargo, cuando se nos hace la pregunta, recordamos o tomamos conciencia de que, en realidad, llevamos en nuestro equipaje conflictos, críticas destructivas, quejas muchas veces insignificantes, malhumor, enojos y tantos otros asuntos que no sólo hacen más pesada la carga, sino que dificultan y disminuyen la velocidad de nuestro avance. Por eso es importante que, cuando realices tu introspección espiritual, es decir, cuando estés por cruzar la aduana, puedas presentarte con un corazón puro ante el Gran Oficial.

Yo creo que es el momento perfecto para deshacernos de todo lo negativo, de todas las cargas que hacen más pesado nuestro viaje por la vida. Cada día es el momento del arrepentimiento al evaluar tu respuesta.

Recuerdo la historia de dos monjes budistas que peregrinaban hacia un templo en India. Durante el viaje, llegan a un gran charco lleno de barro y ven allí a una atractiva joven, con un vestido nuevo, muy bonito, parada en la orilla del charco. Temía cruzarlo y arruinar su vestido. Uno de los monjes, de manera impulsiva, la toma en brazos y cruza con ella el charco. Ella agradece, se despiden y siguen su camino. El compañero monje se disgusta y durante las horas siguientes casi no le habla a su amigo, o apenas le contesta con monosílabos. Por la noche, mientras preparaban su cena, le dice a su compañero: "¿Sabes?, no es correcto que gente como nosotros se acerque mucho a las mujeres. Representan una tentación". A lo que su amigo responde: "¿Todavía cargas a esa mujer? ¡Yo ya la bajé del otro lado del charco hace más de diez horas!"

Todos cargamos fardos de recuerdos amargos, de resentimientos que sólo sirven para agobiarnos y para levantar barreras entre nosotros y las demás personas. Y no podemos imaginarnos el alivio que sentiremos cuando encontremos el valor para quitarnos de encima esos fardos. Nunca sabrás qué tan agobiado estabas hasta que te liberes de ellos.

Si alguna vez tienes oportunidad de visitar la vieja ciudad de Jerusalén, podrás ver que hay varios portones de entrada. Cada uno de ellos tiene un nombre y una historia que da la explicación de dicho nombre. A uno de ellos se le conoce en hebreo como *Shaar Hashpaot*, "el portón de la basura". El origen de este nombre es que los peregrinos que venían a Jerusalén se detenían allí para lavarse. Ellos creían que no podían entrar o salir de Ciudad Santa sin quitarse las impurezas. Pienso que tampoco nosotros podemos continuar nuestro viaje sin reconocer ni deshacernos de todo lo que contamina, amarga, disminuye o entristece nuestra vida. No debemos seguir nuestro viaje acumulando cargas innecesarias que atrasan nuestro caminar y lastiman nuestro corazón.

Por ello, cada día, antes de responder simbólicamente a la pregunta del agente aduanal, asegúrate de haber descargado lo que limite o disminuya tu vida, para poder seguir el viaje hacia tu tierra prometida personal.

¿Tienes algo para declarar?

IV

Sé tú mismo

La vida es la constante sorpresa de ver que existo.
RABINDRANATH TAGORE

⚜ *Sé tú mismo* ⚜

Uno de los grandes maestros jasídicos,[*] Zusia, llegó al lugar
donde estaban sus discípulos. Su rostro estaba pálido de
temor y sus ojos, enrojecidos de tanto llorar.
"Maestro, ¿qué ha sucedido? ¡Estás temblando!"
"El otro día tuve una visión. En ella, descubrí la pregunta
que algún día me harán los ángeles."
Sus alumnos estaban sorprendidos.
"Maestro, tú eres un hombre piadoso y humilde.
¿Qué pregunta sobre tu vida podría ser tan aterradora
que te provoque tanto temor responder?"
"Aprendí que los ángeles no me preguntarán por qué no fui
como Moisés, capaz de librar a su pueblo de la esclavitud.
Ni me preguntarán por qué no fui como Josué,
quien condujo a su pueblo a la Tierra Prometida.
Ni me preguntarán por qué no fui como los profetas,
profundos críticos sociales… "
"Entonces, Maestro, ¿qué te preguntarán?"
"Ellos me dirán: 'Zusia, había sólo una cosa que ningún
poder celestial o terreno podía impedir que alcanzaras'."
"Ellos me preguntarán: 'Zusia, ¿por qué no fuiste Zusia?'."

Cuento jasídico

---

[*] El jasidismo es un movimiento judío ortodoxo cuyas características son la influencia
de la Cábala, la vida en comunidades tradicionales, el cumplimiento de la ley judía y la
guía del rabino. (*N. del E.*)

❧ Cada uno, su propia historia ❧

Cierta vez, hace muchos años, una llorosa mujer acudió al rabino de la pequeña ciudad de Koznitz. Le contó que había estado casada muchos años y aún no había podido tener un hijo. "¿Qué harás al respecto?", le preguntó el rabino. La mujer no supo qué decir y guardó silencio. Entonces, el rabino le contó una historia:

–Mi madre envejecía y aún no tenía hijos. Por casualidad escuchó que el sagrado Baal Shem Tov, el fundador del movimiento jasídico, pasaría por su pueblo en el transcurso de un viaje. Ella se apresuró a verlo en la posada y le suplicó que rezara para que ella pudiera tener un hijo. "¿Qué estás dispuesta a hacer al respecto?", le preguntó el Baal Shem Tov. "Mi esposo es un pobre zapatero", respondió ella, "pero poseo una cosa de valor que quiero regalarle". Fue a casa tan rápido como le fue posible y tomó su capa, su *katinka*, que estaba cuidadosamente guardada en un baúl. Cuando regresó a la posada, escuchó que el Baal Shem ya había partido. Corrió detrás de él, y como no tenía dinero para el viaje, caminó de pueblo en pueblo con su *katinka* a cuestas hasta que llegó a la aldea de Mezbiz. El Baal Shem tomó la capa y la colgó en la pared. "Está bien", le dijo. Mi madre regresó a pie, de pueblo en pueblo, hasta llegar a su casa. Un año después, nací yo.

–Rabí –lloraba la mujer–, yo también le regalaré una capa que tengo para poder tener un hijo.

–¡Eso no va a funcionar! –dijo el rabino–. Tú escuchaste la historia de mi madre, pero ella no tenía ninguna historia que la guiara.

Un sencillo y a la vez profundo relato que sugiere que cada ser humano debe crear su propia historia de vida. Una historia única, acerca del trabajo de crearnos y recrearnos hasta convertirnos en nosotros mismos. Una historia especial cuando reflexionas sobre tu vida y anhelas que te sea dada la oportunidad de escribir tus nuevas páginas en tu libro de vida.

Alguna vez leí que el arte de vivir está entretejido con el arte de la renovación. Leí también que la diferencia entre un objeto inanimado y uno animado es que, mientras el primero siempre permanecerá como fue creado, el segundo se desarrolla y cambia todo el tiempo. Pienso que lo mismo debería suceder con las personas. Aquellas que viven sin renovarse, pueden ser mejor descritas como seres existentes que como seres vivientes, porque el mayor desafío que tu vida enfrenta es el peligro de que te vuelvas obsoleto. Piensa, por ejemplo, en los dinosaurios: por no adaptarse a un medio en transformación constante, terminaron por desaparecer.

Éste es el desafío frente al cual nos encontramos. ¿Debemos renovarnos, recrearnos, o permitir que la rutina nos transforme en personas que existen, pero sin vida propia? ¿Debemos buscar escribir una nueva página en la historia de nuestra vida, o simplemente existir como pequeños seres humanos con una historia prestada? Si ignoras el desafío de escribir tu historia personal, entonces tu vida es la historia de otros, y tu existencia es una rutina a la cual le falta el ingrediente principal: la pasión. Es por ello que, insisto en que *renovarse es esencial para la vida, porque renovarse es la propia definición de la vida.*

Hace pocos días, al poner en orden mi biblioteca, tuve en mis manos una novela que leí por primera vez hace muchos años: *El extranjero*, de Albert Camus. Es la historia de un hombre que vive su vida de manera pasiva y sólo reacciona a la acción o la iniciativa de otros. Su jefe quiere que se mude de Algeria a París y él responde que no importa si se muda o no. Su novia quiere casarse y él le responde que no importa si se casan o no. Siempre escoge el camino más fácil. Es como la bolita en las máquinas de *pinball*, que rebota de un lado a otro sin voluntad propia, hasta que asesina a un hombre en una playa.

Mientras volvía a leerla, no pude dejar de preguntarme:

¿qué tan a menudo los seres humanos, como este personaje, vivimos vidas pasivas y apenas reaccionamos a los demás? ¿Qué tan a menudo nos encontramos con que son los otros quienes nos definen? ¿Con qué frecuencia vivimos nuestras vidas de acuerdo con las expectativas de los demás? ¿Qué tan a menudo escogemos el camino que ofrece menor resistencia? *¿Qué tan a menudo somos objetos de la vida de los demás en lugar de ser sujetos de nuestra propia existencia?*

Piensa, por ejemplo, cuando nace un nuevo ser humano. La noticia se transmite con expresiones como: "¿Sabes que fulanito y menganita tuvieron un bebé?" Desde el primer momento de nuestra vida, se nos define como el hijo o la hija de alguien. Desde nuestro nacimiento, recibimos nuestra identidad en relación con otra gente. Más adelante, y a medida que nuestra vida transcurre, a menudo se nos define por nuestra relación con los demás, con otra gente y otros grupos. Somos los hijos o hijas de alguien; los hermanos o hermanas de alguien; el esposo o la esposa de alguien; el padre o la madre de alguien; el empleado de alguien; el jefe de alguien. Somos del país o extranjeros; cristianos, judíos o musulmanes; hombres o mujeres; amarillos, negros, blancos, latinos, asiáticos o hispanos. Y, como el personaje de la novela, *vivimos nuestras vidas definidos por los demás.*

El autor Douglas Porpora, en su libro *Paisajes del alma*, hace referencia a vivir nuestras vidas como sujetos en vez de objetos, de vivir vidas definidas por nosotros mismos en vez de ser definidas por los demás. Al comienzo refuta a la antropóloga Margaret Mead: "De acuerdo con Mead, cuando hablamos del ser, debemos hacer la distinción entre el 'Yo' y el 'Mí'". Cada uno somos un "yo" singular y cada uno somos un "mí" singular. Nuestro "mí" es quienes somos ahora. Es nuestro ser creado a nivel social, el producto de nuestras diferentes posiciones e influencias sociales, además de nuestras preferencias pasadas. Por ello, una de nuestras tareas más importantes como seres humanos es dejar de vivir como un "mí" y convertirnos en un "yo". No podemos ser sólo objetos que los demás definen. Tenemos que llegar a ser sujetos, tomar el control de nuestra vida y de nuestro destino, mismo que comienza en algún momento de nuestra vida. Un destino que comienza cuando cada uno debe trazar su propia ruta y tratar de llegar a su tierra prometida en un viaje que desafía a cada uno a encontrarse a sí mismo y a tomar el control de su ser único. Porque cada uno de nosotros es único, diferente a cualquier otro ser humano que haya existido o que vaya a existir.

Para completar lo incompleto, para pasar de objeto a sujeto, cada uno debe tomar la responsabilidad de crearse a sí mismo. Más aún, cada uno debe vivir su propia vida. Éste es un trabajo de tiempo completo.

Por ello, tal vez éste sea el momento de intentar rearmar los fragmentos de nuestro rompecabezas personal, de reconocer nuestra historia para saber quiénes somos, qué queremos y, de manera especial, hacia dónde nos dirigimos.

Te invito a que realices un ejercicio simbólico durante algunos minutos. Cierra tus ojos e imagina que tienes en tu mano un libro; imagina que lo observas y descubres que se titula *Libro de mi vida*. Lo abres y, a partir de la primera página, reconoces una historia familiar. Conforme pasas las páginas, revive cada tema. Evoca tus alegrías y tristezas, tus éxitos y fracasos, tus esfuerzos y apatías, tus esperanzas y temores, tus lágrimas y tus risas, tus enojos y tus reconciliaciones. Evoca viejas personas, lugares, melodías, olores y sabores. Mira a todos los que han tocado tu vida; algunos están a tu lado, otros ya partieron y otros más han tomado caminos separados. Pasa las páginas hasta que, de pronto, llegues a una página que está en blanco. Tiene la fecha del día de hoy y, como las páginas que le siguen, está en blanco.

¿Qué escribirás? ¿Viejas historias que ya has escuchado, repetido y ensayado muchas veces? ¿Creación o rutina?

¿Destino propio o prestado?

¿Serás capaz de vivir y crear tu propia historia, o vas a existir con una historia prestada? ¿Vida o mera existencia?

> *Vivimos todos los momentos con el total de nuestro pasado. Odiamos con todos nuestros odios del pasado. Amamos con todos nuestros amores del pasado. Cada puesta de sol que hayamos visto, ha formado nuestro sentido de belleza. Cada música que hayamos escuchado está incluida en nuestra respuesta a la melodía que ahora suena en nuestros oídos. Es por todo esto que resulta importante que seamos cuidadosos con lo que hacemos cada día. Lo que hagamos quedará con nosotros siempre.***

La vida nos urge a recuperar nuestra condición humana y nos recuerda que cada uno de nosotros puede alcanzar una vida plena, propia y única.

La vida nos invita a ser los creadores y recreadores de la historia de nuestra vida. Una historia que tú debes escribir en esa página en blanco del libro de tu vida, que tienes frente a ti.

¿Qué escribirás?

¿Una historia propia o una historia prestada?

** B. Bokser.

⚘ El pasajero del tren ⚘

Un hombre corre hacia la estación con una maleta a cuestas. Ansioso por alcanzar el tren, busca la ventanilla de pasajes que tenga la fila más corta, saca el dinero de su bolsillo, paga su pasaje y corre hacia la plataforma de embarque. Piensa que está atrasado y que perderá el tren, pero logra subirse al último compartimiento cuando éste ya está en movimiento. Con todo y maleta, se deja caer en el primer asiento desocupado que encuentra. El hombre está exhausto pero feliz porque pudo alcanzar el tren y ya está en camino. Después de algún tiempo, comienza a mirar con curiosidad a su alrededor y percibe que las ventanas del vagón son pequeñas y están sucias, y que su asiento no es tan confortable. Las personas que viajan con él son de todo tipo. Algunas están bien vestidas, otras no tanto; pero percibe que son personas con quienes él se siente muy cómodo. Sabe que, si todo funciona bien, tendrá un largo viaje. Horas, días, años tal vez. Decide entonces tomar su maleta y buscar otro compartimiento. Encuentra uno en donde se siente más cómodo, con mejores asientos, ventanas más amplias, personas más elegantes, y allí se acomoda. Pero, de nuevo, después de cierto tiempo, comienza a sentirse insatisfecho y sale en busca de un mejor vagón. Así lo hace varias veces. Por fin, cansado, o tal vez conforme por haber hallado lo mejor posible, se tranquiliza.

Entonces comienza a observar el paisaje y a las personas que se encuentran junto a él. Hace amigos entre sus compañeros de viaje y discute con ellos. Platica respecto del panorama, acerca de la comida y del tiempo allá afuera. Sin embargo, la principal ocupación de los que comparten su vagón son los juegos. Con frecuencia son ingeniosos, a pesar de que todos tienen el mismo objetivo: pagar, comprar, vender, revender, entregar, etc. Él mismo se envuelve de tal manera en los juegos que ni siquiera percibe las ocasionales paradas cuando el conductor, al abrir la puerta, pregunta si todo está bien. Lo que más le interesa es la enorme cantidad de papeles que indican los resultados del juego. De vez en cuando, nota que el rostro de su vecino está distinto y, al mirarse en un espejo, percibe que su propio rostro también está alterado. Camina ahora con menos firmeza por el corredor y se queja de dolores en varias partes del cuerpo. Observa todo esto, pero no encuentra motivo de preocupación y decide volver a los juegos.

Cierto día, todo parece cambiar. Afuera hay rayos luminosos. El cielo se oscurece y la oscuridad comienza a penetrar en el vagón. Las personas continúan sus juegos, aunque se sienten un tanto intimidadas. Hasta el ruido de la propia locomotora parece diferente, más forzado. De súbito, las luces disminuyen y el tren se detiene. Los pasajeros miran a través de las ventanas en un intento por descubrir el nombre de la ciudad o estación donde se encuentran, pero todo está envuelto en la neblina. La puerta se abre y el conductor, con una linterna en la mano, se dirige a los pasajeros: "Señores y señoras, tengo un anuncio especial: durante nuestro viaje pasamos por muchos países y cruzamos muchas fronteras, y ahora llegamos a este lugar, que es diferente de todos los demás porque aquí no hay retorno. Así que tal vez sea el momento de verificar nuestros pasajes. "Al final", dijo entre risas, "puede ser que hayan abordado el tren equivocado". Nuestro pasajero ríe, nervioso. ¿Y si él realizó el viaje equivocado? ¿Será que encontrará el pasaje con su destino en medio de tantos papeles acumulados? Por fin encuentra un pequeño cartón descolorido. Contra la luz, y con gran dificultad, trata de leer lo que allí está impreso.

Una vez que todos nosotros somos pasajeros en este viaje, creo que hay tres finales probables: El primero: tratas de leer el pasaje, pero el tiempo ha borrado el texto impreso, por lo cual no logras descifrar cuál era tu destino. Tampoco lo recuerdas. El segundo: puedes lograr leer el pasaje, reconoces el destino que habías solicitado y, en efecto, estás en el tren correcto. El tercero: lees el pasaje, reconoces el destino y descubres que estás en el tren equivocado.

Entonces te surge una necesidad en forma de duda: ¿Será que no es el momento de evaluar mi viaje?

Me refiero a evaluar nuestra forma de vivir, tomar conciencia de que estamos en camino y cuestionarnos si es el camino que nos habíamos propuesto en un principio. Sobre todo, saber que en esta parada, en esta pausa que la lectura nos ofrece, tenemos la oportunidad de meditar, de reflexionar. Tenemos la opción de cambiar de tren, de buscar la compañía correcta y los ideales que anhelamos.

Todos nosotros somos pasajeros en el tren de la vida. Los cambios que realizamos en cada una de las paradas del viaje son los que marcan y señalan la diferencia entre un año y otro, entre una estación y otra de nuestra vida.

Tal vez sea el momento de verificar nuestro pasaje...

V

Recordar

Cuando el corazón está en silencio, el alma grita.
SAMUEL ALBAZ

✒ Cuando el corazón llora ✒

Cuando el corazón llora, sólo Dios escucha. El dolor sube desde dentro del alma. El hombre cae y, con una pequeña plegaria, corta el silencio: "Escucha, mi Dios, Tú todo lo puedes. Me diste la vida, me diste todo. Mis ojos están llenos de lágrimas. Mi corazón llora en silencio". Y cuando el corazón está en silencio, el alma grita. "Escúchame, Dios, ahora estoy solo, hazme fuerte, mi Dios. Haz que no sienta temor. El dolor es tan fuerte que no tengo adónde huir; haz que se termine, porque ya no tengo fuerzas." Cuando el corazón llora, el tiempo queda detenido y el hombre ve, de repente, toda su vida. A lo desconocido no quiere ir y a Dios él llora. "Mi corazón llora en silencio." Y cuando el corazón está en silencio, el alma grita."Dios, ahora estoy solo; hazme fuerte, mi Dios, porque ya no tengo fuerza."

SAMUEL ALBAZ

Recordar. El poder de la memoria. Evocar a un ser querido que partió de este mundo terrenal. "Mis ojos están llenos de lágrimas. Mi corazón llora en silencio". Una madre, un padre, o ambos; una esposa o un marido, un hijo, una hija, un hermano, una hermana, una amiga, un amigo que ya no están a nuestro lado. La reflexión sobre el tiempo de nuestra vida y sobre aquellos que ya no viajan con nosotros.

Un momento cuando nuestro corazón exclama: "El dolor es tan fuerte...". ¿Dónde están sus manos? ¿Dónde está su mirada? Manos que te cuidaron, te acariciaron, te bendijeron, te levantaron cuando caías. ¿Dónde están? ¿Adónde se han ido? Manos que observan tus manos. ¿Dónde están tus manos? ¿Acaso son manos de luz fría sin sol, manos que no crean, que acarician distraídas, impacientes? ¿Son manos arrugadas por la sequedad del dolor? "Cuando el corazón llora...". ¿Cómo es la música de tus manos, y cómo es la música de tu mirada? ¿Cuánto hay en ella de soledad, de tristeza? ¿Cuánto de dolor hay en tu mirada? ¿Cuánto tiempo detenido hay en tu vida? ¿Cómo dan cuenta tus ojos de tu alma? ¿Adónde se va la música una vez que ya sonó?

"El dolor sube desde dentro del alma. [...]El dolor es tan fuerte[...]ahora estoy solo...".

A lo largo de los años, escucho una pregunta una y otra vez. "rabino, ¿cuándo dejaremos de sentir el dolor?" Algunos hacen la pregunta con palabras; otros, con una lágrima, y otros, con la tristeza de su mirada. "El dolor es tan fuerte[...] ." rabino, ¿cuándo deja de doler? ¿Cuándo dejaremos de sentir el dolor de nuestra pérdida?"

Siento decírtelo, pero la respuesta es "nunca". Y esto es porque algo fundamental sucede cuando perdemos a un ser querido. La vida nunca volverá a ser igual. Nuestro círculo de vida ha sido roto y no sólo extrañamos a ese ser querido más de lo que podríamos expresar con palabras, sino que también extrañamos a la persona que éramos antes de que esto nos sucediera. Claro que podemos intentar, si queremos, negar nuestro dolor. Podemos intentar, si queremos, ser fuertes, "seguir adelante con nuestra vida", como nos dicen nuestros amigos. Pero en el corazón sabemos que esa estrategia no funciona, porque, cuando nos negamos a admitir nuestro dolor, sólo lo intensificamos. Alguien lo expresó muy bien: "El dolor es la ausencia de algo a lo que una vez estuvimos atados. Es la marca que nos queda de la cuerda cuando nos quitan aquello que sujetamos y ya no podemos aferrar". Y te pregunto: ¿qué harías si tuvieras en la mano la marca que te dejó esa cuerda? ¿Esperarías a que se te quitara solita? ¿Te culparías a ti mismo por tenerla? ¿Usarías una pomada y serías paciente contigo mismo hasta que sanara? Y si te quedara una cicatriz, ¿te avergonzarías e intentarías ocultarla, o la aceptarías y aprenderías a vivir con ella lo mejor posible?

En el Salmo 23:4, está escrito: "Aunque camino a través del valle de la muerte[...]". Alguna vez dije que uno debe caminar a través del valle. No puedes rodearlo ni tomar un atajo. Tienes la necesidad de que te duela; tienes derecho a llorar, a exclamar: "El dolor es tan fuerte[...]."

Leí un relato que tal vez pueda ayudarnos a responder a la duda que traemos en el corazón. Una vez le regalaron a un sabio una hermosa copa de cristal. La tomó entre sus manos, agradeció y dijo: "Debes saber que esta copa ya está rota". ¿Cómo? ¿Qué quiso decir? Seguro que quiso decir que la copa era hermosa y que apreciaba la forma en que reflejaba la luz del sol. Sin embargo, el sabio, desde que la recibió, comprendió que la falta de permanencia ya estaba presente. Sólo era cuestión de tiempo para que algo le sucediera a la copa y se encontrara en el piso, hecha pedazos. Comprendió que no sería suya para siempre; que algún día, en algún momento, la copa ya no estaría entre sus manos. No obstante, él estaba agradecido por el regalo y lo cuidaría.

Lo que quiero transmitirte es que, si podemos comprender y admitir que aquellos a quienes amamos, algún día, en algún momento, pueden abandonarnos, y si podemos admitir que, cuando esto suceda, nos dolerá, y nos dolerá para siempre, entonces quizá vivamos nuestra vida un poco mejor. Entonces tal vez el dolor, ese pasajero incómodo que viaja con nosotros por el camino de la vida, después de todo, resulte ser un buen compañero de viaje. Mientras meditas sobre el tiempo, la vida y la muerte, debes aprender que la vida es un regalo, y que, algún día, en algún momento, aquellos a quienes amas se irán y te ocasionarán dolor y tristeza, lo cual te dejará cicatrices en el alma. Así recordamos por qué dolerse es la prueba principal de la vida: porque el dolor es un modelo para crecer y para encontrar sentido a nuestra vida.

Una cosa más. Así como tenemos la necesidad y el derecho de dolernos, también debemos tener el *valor* de hacerlo. Cuando tengas el valor de aceptar el dolor, de admitirlo, sólo entonces encontrarás el valor de vivir tu vida con más intensidad y tendrás la capacidad de amar sin temor. Cuando reconocemos las cicatrices que nos dejó la muerte de quien amamos, cuando admitimos que la vida nunca será igual, cuando evocamos el recuerdo de su vida y de su partida, tal vez podamos comprender mejor nuestro dolor y agradecer el regalo del tiempo que compartimos nuestro viaje por la vida. Y tal vez entonces podamos crecer y avanzar, *cada uno, en silencio, recordando nuestra propia historia de amor.*

❧ Tiempo ❧

Érase una vez una isla donde vivían los sentimientos: Entre
ellos, la Alegría, la Tristeza, el Conocimiento, el Amor, etc.
Un día les avisaron que la isla estaba por hundirse y
desaparecer, y que debían partir de inmediato.
Entonces, todos prepararon sus barcos y partieron.
Pero el Amor quiso perseverar hasta el último momento.
Cuando la isla estaba por hundirse en el mar, el Amor
decidió pedir ayuda. Entonces vio el gran barco de la
Ganancia que pasaba muy cerca. El Amor le dijo: "Ganancia,
¿me puedes llevar contigo?" "No, no puedo, hay mucho oro y
plata en mi barco y, por tanto, no hay lugar para ti." El Amor
siguió con su búsqueda y entonces vio a la Vanidad, que
también pasaba en una bella embarcación: "Vanidad, por
favor ayúdame". "No puedo ayudarte, Amor, estás mojado
y eso puede arruinar mi barco", respondió la Vanidad.
Entonces, el Amor se dirigió a la Tristeza. "Tristeza, déjame
ir contigo." "Ah… Amor, estoy tan triste, que necesito estar
sola." La Alegría también estaba cerca, pero estaba tan
contenta que ni siquiera notó la presencia del Amor.
De repente, se escuchó una voz: "Ven, yo te llevo". Era un
anciano. El Amor se sintió tan bendecido y jubiloso que
olvidó de preguntar el nombre del anciano. Cuando llegaron
a tierra firme, el anciano siguió su camino. El Amor percibió
cuánto le debía a este anciano y preguntó a otro anciano, el
Conocimiento: "¿Quién me ayudó?"
El Conocimiento le respondió: "El Tiempo, era el Tiempo".
"¿Tiempo?", preguntó el Amor, "¿por qué me ayudó el
Tiempo?".
El Conocimiento sonrió con profunda sabiduría y respondió:
"Porque sólo el Tiempo es capaz de comprender
la importancia del Amor".

ꝏ *Lo que aprendí del desierto* ꝏ

Nuestra imagen del desierto es la de un lugar solitario y desolado. Un lugar que refleja la búsqueda del alma, la angustia existencial, como lo describiría Jean-Paul Sartre. Es la imagen de la lucha en la transición entre dos tiempos de nuestra vida, el lugar de lo no resuelto, el lugar de las privaciones.

Cuándo piensas en un desierto, ¿qué imágenes te provoca?

Tal vez pienses en un lugar peligroso donde estás expuesto a límites; un lugar que acentúa tú vulnerabilidad. Seguro que no es el lugar que elegirías para ir de vacaciones, ni mucho menos un lugar donde pasarías años de tu vida.

Lo que resulta curioso es que, a pesar de imaginarnos el desierto como un lugar vacío de sensaciones, yo creo que fue un lugar relevante en la historia de un pueblo. Allí vivió ese pueblo el proceso de vencer su esclavitud espiritual para, como hombres libres, conquistar su Tierra Prometida. Claro que no fue un viaje sencillo. Hubo rebeliones, quejas y decepciones. Hubo peleas y reconciliaciones, aciertos y fracasos. De hecho, no todos completaron el viaje. Sin embargo, allí aprendieron y nosotros podemos aprender que *la vida se parece mucho más al desierto de lo que pensamos o creemos.*

La vida real no está tan llena de emoción y fatalidad de forma permanente o continua, con toda la intensidad que emana del drama del Mar Rojo, la majestuosa revelación en Sinaí y, de manera especial, con tantos años deambulando por sus arenas.

¿No es así con la vida? Dedicamos muchísimas energías a planear y trabajar para los grandes eventos, los grandes momentos; tanto, que a veces olvidamos que estos eventos no son la realidad sino la excepción. Son apenas un destello en nuestra línea del tiempo personal. En nuestra vida real avanzamos a nuestro mejor entender, hacemos lo posible y acampamos donde creemos conveniente.

Queremos drama, emoción y romance; queremos ser y sentirnos valientes, como algún participante de esa serie televisiva *El sobreviviente*, pero la vida no se trata de esto; la vida se trata de que hagamos el recorrido a través del desierto y que lleguemos lo más completos posibles a nuestra Tierra Prometida personal para, entonces, conquistarla. Aunque suene algo pesimista, esto no es necesariamente malo. Yo creo que hay mucho que el camino nos puede enseñar, lo que me lleva a la segunda lección: *Si la vida es un viaje, entonces lo importante no es sólo llegar a su destino; también es importante no olvidarse de disfrutarlo al máximo.*

Vivimos como los niños que, cuando están en el coche, preguntan y preguntan: "¿Ya llegamos?" Estamos tan ocupados en el intento de alcanzar nuestro destino, que no nos fijamos en las bendiciones que encontramos a lo largo del camino. Nos confundimos y creemos que llegar al destino es más importante que hacer el viaje.

Hay una cosa más por aprender del desierto: *Podemos vivir con mucho menos de lo que creemos que necesitamos*. Piensa: ¿qué es lo que realmente necesitas en el viaje de tu vida? ¿Cuántas cosas podrías descargar?

El problema es que nuestra cultura consumista insiste en hacernos pensar en lo que no tenemos, en lo que creemos necesitar, en una carrera de interminable insatisfacción. Si lo piensas bien, tal vez la idea de pasar un tiempo en el desierto no sea tan mala. Podría sernos provechosa para aprender a vivir con lo necesario y, en especial, abandonar la sobrecarga que hace más lento nuestro viaje.

Sí. La vida se parece mucho más al desierto de lo que pensamos o creemos. El desierto nos enseña varias lecciones de vida. Debemos hacer el viaje, debemos aprovecharlo al máximo y debemos viajar con la menor carga posible; es decir, sólo con lo necesario.

Hace muchos años, caminaba yo por las calles de Jerusalén y encontré un anciano que pedía una moneda. Me acerqué y se la di. Me tomó la mano y me preguntó si me podía dar una bendición como agradecimiento. Sorprendido, le dije que sí.

Entonces, el hombre pronunció unas palabras que me conmovieron profundamente y que, desde ese día, transmito en cada ocasión como bendición a otros. Él me miró a los ojos y me dijo: "Que Dios no te bendiga con lo que quieres. Que Dios te bendiga con lo que necesites".

Deseo, amigo lector, amiga lectora, que hagas tu viaje, que aproveches cada momento, que viajes ligero y, en especial, a lo largo del viaje, que Dios no te bendiga con lo que quieres. Que Dios te bendiga con lo que necesites.

✣ Un sueño y una misión ✣

Mientras más me adentraba en la lectura del segundo libro de la Biblia, el libro del Éxodo, más clara tenía la sensación de pena por el personaje de Moisés. "Pobre", pensé, "porque más allá de la primera parte de su vida principesca, la verdad es que no la tuvo fácil".

Por ejemplo, yo les pregunto a los hombres casados: ¿qué te diría tu esposa si vuelves a casa tardísimo y le cuentas que la razón de tu demora fue que se apareció Dios y te habló desde una zarza? No sé la tuya, pero sólo de pensar lo que me diría mi esposa, ¡tiemblo!

Imagina que eres Moisés y tuvieras que volver a Egipto para convencer a tu gente con el argumento de que "el Dios sin nombre me dijo que les diga... que los sacará de la esclavitud". O tener que presentarte ante el poderoso faraón, como líder del movimiento de liberación, amenazarlo con que el Dios de los hebreos es más fuerte que el suyo y exigirle que libere a los esclavos. Pobre Moisés. Honestamente, la suya, no fue una tarea sencilla.

Lo que en realidad me llama la atención es que Moisés accedió al pedido de Dios, y su pueblo lo aceptó como líder. Pero cuando la reacción del faraón fue dar más trabajo y menos alimentos a los esclavos, éstos, furiosos, confrontaron a Moisés y lo incriminaron con dureza. Pobre Moisés.

Pero hay más. Cuando Moisés reaccionó y le comentó a Dios el problema en que lo metió y la crisis que se había generado, Dios lo regañó por acobardarse y perder el ánimo, y le ordenó que, aunque decepcionado, siguiera con sus enseñanzas y animara a los esclavos a no perder la fe en su eventual redención.

Pero ésta no es la única ocasión en que Moisés se ve frustrado. Hubo más, hasta llegar a la frustración final cuando Dios le deja saber que gracias, pero que no entrará a la Tierra Prometida. El sueño de su vida...

¿Verdad que muchos nos daríamos por vencidos ante la primera dificultad? ¿Acaso tú hubieras seguido con la misión? Moisés lo hizo. Por ello, en el pueblo judío lo reconocemos como nuestro maestro, porque educó a su gente con su ejemplo personal. Le mostró que, a pesar de las dificultades y las decepciones, debía continuar con su vida, sus sueños y su lucha.

Enseñó a su gente a creer, aun a sabiendas de que no todos los sueños habrían de cumplirse y que, seguro, viviría más de una decepción.

¿Qué pasa cuando te toca vivir una decepción?

¿Qué pasa con todos tus sueños y esperanzas que no se cumplen?

La verdad es que se quedan ahí. Muchos nunca logran superarlos y los cargan por el resto de su vida. Muchas veces se quedan implantados en nuestro corazón, para carcomer y corroer nuestra vida. Se requiere fuerza para arrancarlos, para ajustar nuestros planes y para aprender, como lo hizo Moisés, a vivir con la frustración y la decepción. Yo pienso, por ejemplo, en los jóvenes que planean hacer algo con sus vidas pero las circunstancias no les permiten hacerlo.

¿Qué les sucede entonces? Algunos dejan el sueño pospuesto, permiten que los irrite con frecuencia y dejan incluso de encontrar satisfacción en otras cosas.

Sin embargo otros, como Moisés, a pesar del dolor, se esfuerzan por llegar a su tierra prometida personal.

¿Y qué pasa con aquellos que aprenden que el mundo en realidad no es como ellos soñaron? ¿Qué pasa con el joven doctor que estudió con el sueño de servir a la humanidad y curar a los afligidos, y después descubre que la mayor parte del día lo invirtió en buscar cómo ganarse el pan? A menos que sobrevivan a la desilusión y puedan tener nuevos sueños más realistas, estarán condenados a encontrar la vida amarga de manera permanente.

Éste es un reto al que todos, en algún momento de nuestra

vida, nos enfrentamos, porque ninguno verá todos sus sueños cumplidos. Piensa en aquellos padres que alimentan el sueño de que sus hijos realicen todas las cosas que ellos no pudieron hacer. ¿Cuántas vidas han sido minadas por culpa de padres que no supieron cuándo dejar ir sus propios sueños?

¿Qué hacer con aquel sueño que no se hará realidad?

En la Antigüedad, cuando se llevaba al templo de Jerusalén algún sacrificio animal, la ofrenda tenía que ser perfecta. Cualquier golpe, cicatriz o herida que tuviera, la invalidaba. Y los sabios preguntaron: "Pero, ¿qué sucede con el hombre que trajo la ofrenda? ¿Él sí podía llegar al templo herido en su corazón o en su alma por las cicatrices espirituales sufridas en la batalla contra las duras realidades de la vida?" Y ellos mismos respondieron: "No sólo está permitido, sino que el hombre que llega con el corazón herido y golpeado; el hombre que conoce las frustraciones, es quien tiene el acceso más seguro a Dios".

¿Por qué? Porque esa persona está curada de la ilusión de que nunca le pasará nada malo. Porque ese hombre o esa mujer se han graduado del mundo de las telenovelas, donde cada historia tiene un final feliz. Su logro es que ha aprendido a aceptar las frustraciones y las asume como pruebas de su entereza.

Moisés nos enseñó lo importante que es seguir adelante, vivir, trabajar y volver a soñar, levantarnos después de cada caída, aun cuando sabemos que no todos los sueños van a materializarse. Nos enseñó la importancia de encontrar nuevos sueños y metas cuando los anteriores nos han fallado, y que la ofrenda más aceptable para Dios es la persona que, a pesar de tener el corazón lastimado, ha mantenido su fe.

Moisés nos enseñó que, más allá como él, de las decepciones y frustraciones de la vida, también tú y yo tenemos un sueño y una misión.

VI

Encontrarse

Cada ser humano tiene
la libertad de cambiar en cualquier momento.
VICTOR FRANKL

❧ Encontrarse ❧

Había una vez un hombre que todo olvidaba.
Cada mañana cuando se levantaba, no conseguía recordar
dónde había dejado las cosas la noche anterior. Una noche,
tuvo una idea:
tomó un lápiz y una hoja de papel y, a medida que se
desvestía, escribía el lugar exacto donde dejaba sus ropas.
Entonces, a la mañana siguiente, cuando se despertó, tomó
la hoja y leyó la lista: "Mi sombrero está sobre la cómoda".
Fue hasta allí y lo encontró.
Volvió a leer su hoja, donde estaba escrito: "Mis pantalones
están en la silla", así que fue hasta la silla y allí estaban. Los
vistió y marcó su lista con una palomita.
Volvió a leer: "Mi camisa está sobre la mesa"; y, en
efecto, allí estaba. De nuevo leyó su hoja: "Mis zapatos y
mis calcetines están debajo de la cama". Miró y, para su
tranquilidad, allí estaban.
Así continuó, hasta quedar vestido por completo.
Entonces, se miró al espejo y pensó:
"Bien, todo está en su lugar, ya encontré todo.
Pero, ahora, ¿dónde estoy yo?"
Sólo entonces comenzó su verdadera búsqueda.

ABRAHAM J. HESCHEL

⚜ *Reglas para la vida* ⚜

Se cuenta que uno de los más renombrados sabios de su época entró cierta vez al salón de clases y encontró que sus discípulos jugaban damas. Cuando éstos lo vieron entrar, se avergonzaron frente a su querido maestro e interrumpieron el juego. Lejos de llamarles la atención, el sabio, en forma muy cariñosa, les preguntó: "¿Conocen ustedes las reglas del juego de damas?"

Ellos no supieron qué responder. Entonces, el sabio continuó con su charla y, sentado frente al tablero, comenzó a explicarles las reglas básicas del juego:

> *La primera regla es que uno no debe hacer dos movimientos simultáneos. La segunda es que las piezas sólo pueden moverse hacia adelante, nunca hacia atrás. La tercera es que, sólo cuando alcanzamos la última línea, y sólo entonces, podremos movernos en cualquier otra dirección. Y esto también se aplica a la vida.*

Conozco a muchísima gente que desea abrazar el mundo de una sola vez, pero el juego de damas nos enseña que debemos concentrarnos y dedicarnos de manera profunda e intensa a un solo objetivo antes de pasar a otro. De movimiento en movimiento, de jugada en jugada, debemos avanzar hacia nuestras metas.

En vez de pretender hacer todo de una vez y terminar sin hacer nada, debemos aprender a realizar las cosas paso a paso. Aprender a disfrutar la vida con intensidad, pero sin correr. Progresar poco a poco hasta que alcancemos lo que nos habíamos propuesto en un principio.

La segunda regla es justo la que nos dice que debemos avanzar. El ser humano siempre debe estar en proceso de crecimiento. Nunca debe estar satisfecho con lo que ha alcanzado. Crecer significa asumir nuevas responsabilidades, encarar nuevos desafíos, esforzarse por alcanzar la meta, transformar sueños en realidades.

Sé de muchas personas que *viven del pasado y en el pasado.* Ellas son las que declaran que todo tiempo pasado fue mejor. En realidad, yo creo que el pasado debe ser un trampolín para saltar mejor hacia el futuro. Del pasado debemos extraer la experiencia, pero no podemos permanecer por siempre en el reino de lo pretérito; ni deberíamos intentar que el pasado se repita. Así, la vida nos exige que avancemos, a partir de la base de nuestro pasado, hacia el futuro: nuestro destino.

Al final, cuando alcancemos nuestras metas y logremos nuestros propósitos, tendremos una visión más ajustada de la realidad que nos permitirá movernos en otras direcciones.

Como sucede con los alpinistas, no es durante el ascenso ni desde cualquier perspectiva que se contempla a gusto la belleza de las vistas panorámicas, sino cuando se ha llegado a la cima. Ésta es la tercera de las reglas del juego de damas.

Sólo puede apreciarse la imagen que se representa en un rompecabezas cuando se ha terminado de armar. Lo mismo sucede con los seres humanos.

De esta manera, si avanzamos paso a paso y sólo nos ocupamos en avanzar así, sin permitirnos retroceder; cuando transformamos nuestros sueños en realidad, cuando llegamos a nuestro destino, podemos vernos mejor, saber con mayor certeza quiénes somos y hacia dónde nos dirigimos. Por ello, debes recordar de dónde vienes, hacia dónde vas y ante quién tendrás que rendir cuentas.

Recuerda estas tres simples reglas y hazlas parte de tu vida: la primera es que uno no debe hacer dos movimientos simultáneos. La segunda es que las piezas sólo pueden moverse hacia adelante y nunca hacia atrás. La tercera es que, cuando alcanzamos la última línea, entonces y sólo entonces podremos movernos en cualquier otra dirección.

❦ Disculpe las molestias… estoy en construcción ❦

Hace algunos años, Bryant, quien fuera el técnico de futbol de la Universidad de Alabama, fue invitado a participar en la filmación de un comercial para una compañía telefónica local. Su participación sería sencilla. Sólo una frase. Al final del texto publicitario, el técnico debía decir, como si aconsejara a sus jugadores, "llama a tu mamá". Sin embargo, algo inesperado sucedió durante la filmación. Cuando Bryant enfrentó la cámara, sus ojos se llenaron de lágrimas y dijo: "Llama a tu mamá. Ojalá que yo pudiera llamar a la mía". La compañía de teléfonos lanzó el anuncio como se filmó. El impacto fue tan sorprendente que hubo miles de llamadas de personas sensibilizadas por su espontaneidad y ternura. Muchos se sintieron tan conmovidos que de inmediato llamaron a sus padres, hermanos o amigos; cosa que, por algún motivo, no habían hecho en algún tiempo.

Creo que esta anécdota revela una gran verdad acerca de la vida humana: debemos comprender que los seres humanos nos necesitamos unos a otros, y que cada uno tiene necesidades personales de amistad, ternura, amor y respeto. Sin embargo, a lo largo de los años y por mi trabajo pastoral, fueron muchas las ceremonias que oficié y a las cuales una parte de la familia no acudió o no fue invitada. No han sido menos las veces que he visto familias que se deshacen por anteponer intereses financieros a lazos de sangre. Tampoco fueron pocas las veces en que medié en separaciones donde el *yo* era más importante que el *nosotros*; momentos en que los hijos pasaban a ser rehenes del enojo de sus padres.

Bruno Bettelheim escribió que, si quieres entender a los seres humanos, debes estudiar al puerco espín. Ellos viven en la floresta, donde el invierno es muy frío y se ven obligados a amontonarse para darse calor. Cuando se amontonan, por sus espinas se hieren unos a otros. Entonces, se separan. Sin embargo, de nuevo sienten frío. Así, alternan entre estar alejados, con el dolor que crea la lejanía, y estar demasiado cerca, con el dolor que crea la proximidad.

¿No sucede lo mismo con los seres humanos? Sentimos la necesidad del calor y la amistad de otra persona pero, por temor a lastimarnos, preferimos no acercarnos demasiado. Tal vez hoy pueda ser el día en el que decidamos afrontar la vida y la muerte, la soledad y lo incompleto en nuestras vidas. El día en el que decidamos reconocer nuestras imperfecciones, el momento en que elijamos ofrecer la oportunidad para comprender y perdonar las imperfecciones de los demás y acercarnos a aquellos de quienes nos hemos alejado.

Tal vez éste sea el momento para observar lo que todos nosotros cargamos. Para descargar el equipaje de rencor y enojo, y poder viajar más ligeros por la vida. Tal vez hoy sea el momento para declarar: Voy a perdonar, no porque la persona que me hirió lo merezca, sino porque esa persona no merece ejercer tanto poder sobre mi vida. ¿Quién es, en última instancia, el lastimado cuando guardamos tantos rencores y resentimientos?

Pero, ¿sabes cuál es la ironía de esta situación? Pedimos y esperamos que Dios nos perdone, pero nosotros no perdonamos con tanta facilidad. Cuando alguien nos defrauda o no cumple con nuestras expectativas; cuando nuestros hijos no son lo que quisiéramos que fueran; cuando nos sentimos defraudados por aquellos a quienes amamos, no es porque quieran herirnos. Es porque son seres humanos imperfectos que tal vez intentan hacer lo mejor posible.

Es porque cada uno de nosotros es un trabajo en construcción. Es como una obra que avanza y busca completarse.

A veces los demás no nos dan lo que necesitamos o espe- ramos de ellos, no sólo porque son seres humanos con errores y defectos, es decir, no sólo por estar incompletos, sino porque lo que esperamos de ellos es más un producto de nuestros deseos y fantasías que de nuestra realidad.

Un hombre sale a la calle en el preciso momento en que pasa un taxi, lo detiene y se sube. El taxista le dice: –Justo en el momento preciso. Usted es igualito a Pepe. –¿A quién? –pregunta con curiosidad el pasajero. –A Pepe. Era un tipo a quien todo le salía bien. Como el hecho de que yo pasara por aquí justo cuando usted necesitaba un taxi. Eso le pasaba siempre.

–Bueno, algo malo alguna vez pasa –agregó el pasajero.

–A Pepe no. Era un maravilloso atleta. Podía haber sido profesional en tenis. Jugaba golf como Tiger Woods. Cantaba como Pavarotti y bailaba como Fred Astaire. Y no se imagina cómo tocaba el piano...

–Suena como que era un tipo fuera de serie, ¿verdad?

–Uf, su memoria era como la de una computadora. Podía recordar el cumpleaños de todo el mundo. Era un experto en vinos, sabía qué comidas ordenar y con qué tenedor comer. Podía arreglar cualquier cosa. No como yo que si cambio un fusible, toda la colonia se queda sin luz. Además, sabía cómo tratar a una mujer y hacerla sentir bien; nunca le contestaba, ni siquiera cuando ella estaba equivocada. Su ropa siempre estaba impecable; los zapatos, bien boleados. Una persona perfecta.

–Qué tipazo. ¿Cómo lo conociste? –preguntó el pasajero.

–Bueno, en realidad, nunca lo conocí en persona.

–Entonces, ¿cómo es que sabes tanto de él?

A lo que el taxista respondió:

–Me casé con su viuda.

Así vivimos y cargamos nuestras maletas llenas de heridas y frustraciones. ¿Será tan difícil aceptar nuestras imperfecciones y limitaciones? ¿Aceptar que, si bien nunca seremos perfectos, es seguro que podemos ser mejores? ¿Entender que, una vez que aceptemos nuestras imperfecciones y limitaciones, nos resultará más fácil comprender y aceptar las imperfecciones de los demás? ¿Entender que no hay padres, hijos, matrimonios o amigos perfectos? ¿No crees que, si logramos entender esto y ser más flexibles con nosotros mismos y con los demás, podremos sentirnos mejor y relacionarnos mucho mejor con cada una de las personas que tocan nuestra vida? Tal vez, al principio de la creación, el mundo pudo haber sido perfecto, pero hoy no lo es.

Mientras trabajamos por lograrlo, de alguna manera debemos aprender a convivir con la imperfección, tanto de los otros como la de uno mismo. Seguro que todos preferimos estar rodeados por gente perfecta. No esperamos menos de ninguno de los que forman parte de nuestra vida a diario. Sin embargo, por vivir así, muchas veces nos quedamos solos.

Piensa por un momento: ¿qué hubiera sucedido con el hombre si Dios hubiera aceptado sólo a los perfectos? Yo creo que en seguida entendió que, si sólo esperaba la perfección, terminaría solo. Así que Dios decidió aceptarnos como somos. A veces ilusionado y otras veces desilusionado, pero siempre con la esperanza de que llegaremos a ser mejores.

¿Por qué será tan difícil aceptar, no sólo las imperfecciones de los otros, sino también las propias? ¿Por qué será tan difícil aceptar que, si bien nunca seremos perfectos, seguro que podemos ser mejores?

Alguna vez recorté de un periódico el relato de la señora que estaba sentada en el parque y veía jugar a dos niños de cuatro años. De pronto, los niños comenzaron a pelear y uno de ellos le dijo al otro: "Te odio. Nunca más volveré a jugar contigo".

Durante diez minutos jugaron solos pero, después, muy lentamente, empezaron a juntarse cada vez más hasta que terminaron por jugar juntos otra vez. La señora le preguntó a la mamá de uno de los niños: "¿Cómo hacen eso los niños? Primero están muy enojados y, al minuto, ya son amigos". La mamá respondió: "Es muy fácil: ellos prefieren ser felices a estar solos".

Ésa es una opción que todos tenemos. Podemos elegir vivir resentidos y con expectativas irreales que nos hacen creer que la gente nos ha desilusionado, o podemos dejar que las personas, con sus errores e imperfecciones, compartan sus vidas con nosotros.

Somos una obra en construcción; estamos en la búsqueda de ser mejores personas y más completas. Por tanto, debemos aprender a vivir con la sabiduría de ignorar lo negativo y resaltar lo positivo, de aceptar y amar a otros a pesar de todas las limitaciones e imperfecciones, o del dolor que puedan causarnos. En palabras de Joshua L. Liebman:

> Ninguno de nosotros escapa de las limitaciones. Algunas personas tienen talento en sus manos; algunas, en el campo del arte o de la música; otras, en el campo de las ideas abstractas. Casi nadie tiene talento en todos los campos. Todos somos limitados y debemos aceptarnos a nosotros mismos con nuestras limitaciones, y reconocer que podemos hacer lo que otros no pueden, que podemos contribuir donde otros no pueden contribuir.
>
> Aceptarnos con nuestras limitaciones significa también que reconocemos cuán variables y flexibles pueden ser nuestras vidas. Lo importante de la vida es que, mientras vivimos, tenemos el privilegio de crecer, podemos aprender nuevas funciones, desarrollar nuevos tipos de trabajo, dedicarnos a nuevas causas, hacer nuevos amigos. Es suficiente con que ejercitemos un poco de iniciativa y rechacemos quedarnos estáticos y rígidos...
>
> Vamos, entonces, a aprender cómo aceptarnos a nosotros mismos, aceptar la verdad de que somos capaces en algunas direcciones y limitados en otras, que la genialidad es rara, que la mediocridad forma parte de casi todos nosotros, pero que podemos contribuir con nuestras habilidades para enriquecer nuestra vida común.

Es nuestra decisión. Podemos escoger vivir solitarios: desilusionados ante tanta imperfección y limitaciones; o podemos dejar que las personas, con sus errores e imperfecciones, compartan su vida con nosotros.

¿Qué eliges?

Vivir quejándose

El recién llegado al monasterio es informado de que ha ingresado a un lugar donde se ha hecho voto de silencio y, por tanto, no puede decir más de dos palabras cada tres años. Pasados los primeros tres años, dice: "Cama dura". Después de otros tres años, dice: "Comida mala". Por fin, al completar nueve años, dice: "Me voy", a lo que el abad responde: "No me sorprende. Desde que llegaste no has hecho más que quejarte".

En ocasiones, nuestras vidas parecen ser difíciles y llenas de pruebas. Algunas veces, logramos enfrentarnos al desafío de esos problemas. Otras veces, frustrados y con cierta resignación, creemos que lo único que podemos hacer es quejarnos con amargura.

Yo no creo que el hecho de que uno se queje sea reprochable. Con lo que no estoy de acuerdo es con quejarse y refunfuñar como una actitud de vida.

No tiene nada de malo ser un quejumbroso cuando las cosas están mal, si estamos convencidos de que, cuando nos quejamos de algo, asumimos que hay una respuesta y que podremos resolver lo que nos preocupa. No hay nada malo en que nos quejemos y declaremos que las cosas son difíciles si nuestra queja está acompañada por la actitud de que queremos y esperamos que haya un cambio. Porque el verdadero enemigo no es quejarse, el verdadero enemigo es caer en la desesperanza de creer que nada puede cambiar.

Por tanto, debemos aprender a apreciar y valorar nuestra propia vida, incluso con sus frustraciones e imperfecciones. Debemos aprender a resaltar las bendiciones que nuestras continuas quejas ocultan y alejan. Debemos aprender esto: quejarse por quejarse no resuelve nada. De hecho, convertirnos en "quejosos profesionales" hará que terminemos por quejarnos frente a un espejo, porque ya nadie querrá escucharnos.

Me encanta recordar aquella historia de la señora que viajaba en el camión, y todo el viaje lo ocupó en quejarse. Se quejó del calor, de cómo manejaba el conductor, del asiento que le tocó, del tráfico; en fin, cada cosa era motivo para quejarse. Cuando llegó a su destino, comenzó a recoger sus pertenencias y, mientras miraba a su alrededor, preguntó: "¿Será que dejo algo?" A lo que un pasajero respondió: "Sí, señora: deja usted una muy mala impresión".

Cuando te quejes, hazlo con una razón justa porque, en el viaje de la vida, una buena actitud es muy recomendable.

❧ *Positivo o negativo* ❧

Quiero comenzar este pensamiento con una pregunta un tanto personal: ¿cuánta gente conoces que, sin importar lo que le digas, siempre ve las cosas de manera negativa? Por ejemplo, si la familia va a salir de paseo y dices: "¡Qué día sensacional!", esa persona te dirá: "Apuesto que, justo cuando nos sentemos a comer, va a soltarse la lluvia". O si le dices: "¡Felicidades! Tus exámenes de salud salieron perfectos", te responderá: "Seguro que el doctor se equivocó de paciente".

¿Verdad que conoces a alguien así? No importa lo que le digas, nunca ve rosas, sólo espinas. Un amigo me contó que, un día, su madre, quien tenía 84 años de edad y vivía en otra ciudad, le llamó y le dijo: "Hijo, no me siento bien. No camino más de diez pasos y me siento exhausta, así que fui al doctor. Él me hizo una serie de pruebas y me dijo que tengo problemas en el corazón y que debería someterme a una cirugía. Yo le dije que estoy demasiado vieja para una operación de este tipo". A lo que su hijo respondió: "Mamá, nunca estarás demasiado vieja. Te enviaré con el mejor cirujano". Mi amigo pidió a su hermano, quien vivía muy cerca de su mamá, que solicitara una consulta y la acompañara. Así lo hizo. Tres días después, su hermano lo llamó con las novedades: "Mamá decidió no operarse". "¿Por qué no?" "Porque fue a ver al cirujano y eso la hizo cambiar de opinión." El cirujano estaba de acuerdo con el diagnóstico, pero le dijo: "Señora, tengo que informarle algunas estadísticas antes de realizar la operación. Hay 10 por ciento de probabilidad de que sufra una embolia; hay 10 por ciento de probabilidad de que tenga un infarto". Conforme el médico hablaba, la mamá sudaba más y más, hasta que interrumpió al médico: "Doctor, yo tengo una estadística para que agregue a la suya. Hay una probabilidad de 100 por ciento de que usted no me opere. ¡Usted es demasiado *negativo* para mí!" Y se marchó.

Ante la insistencia de sus hijos, la mamá fue a consulta con otro doctor, quien hizo el mismo diagnóstico y le dijo: "Señora, tengo que informarle algunas estadísticas sobre esta operación". Ella comenzó a sudar. Pensó: "Otra vez más de lo mismo". El doctor le dijo: "Hay 90 por ciento de probabilidad de que todo salga perfecto, y 90 por ciento de probabilidad de que no haya mayores problemas". De nuevo, la señora interrumpió: "Doctor, hay una probabilidad de 100 por ciento de que usted me opere. El otro doctor me habló como un tonto. Usted me habló como un hijo".

Todos conocemos gente que irradia pesimismo. Aquellos para quienes todo es difícil, casi imposible. No obstante, también conocemos gente que, sin importar lo que suceda, encuentra y resalta lo positivo. Gente que, a pesar de las dificultades que debe enfrentar día a día, sabe que la vida consiste en luchar y que hacerlo con una visión optimista facilita las cosas. Muchos se dicen a sí mismos y a otros: "Anímate, todavía falta lo peor". Otros declaran: "Lo mejor está por llegar".

Yo creo que esta última es la actitud correcta.

"Ah, rabino Marcelo, se dice fácil. Con todas mis dificultades, con tantos problemas en la familia, con mis hijos, en el trabajo, con lo difícil que es vivir." A los socios naturales del club de los pesimistas, debo aclararles que yo no digo que a lo largo del año no tendremos que enfrentar momentos difíciles. Muchas veces les deseo que Dios los bendiga con el máximo de alegrías y el mínimo de tristezas, porque eso es la vida: una mezcla de ambas. Seguro que habrá días más soleados que otros. Seguro que habrá días más difíciles que otros.

Sin embargo, lo que contará al final de la jornada será tu actitud. Como lo escribiera Saint Exupéry: "El significado de las cosas no se encuentra en las cosas en sí, sino en nuestra actitud hacia ellas". ¡Qué verdad! Nuestra actitud es la base para una vida con visión positiva.

¿Cuál es tu actitud? Tener una actitud negativa es renunciar a que las cosas se den; es cerrar los portones de nuestro corazón a la posibilidad del amor. Una actitud negativa es decir "no" al futuro. Es anular nuestras propias plegarias. Pero una actitud positiva es afirmar nuestro amor a la vida y al futuro.

Por sobre todas las dificultades, desilusiones y tristezas que toquen tu alma, siempre elige la vida. No maldigas la oscuridad, mejor enciende una luz. Cuando creas que todo está mal, no dejes de contar tus bendiciones. Vive con una actitud positiva. Vive cada momento. Vive el ahora. Escucha la melodía de tu propia voz. Vive conectado y con pensamientos positivos para que, algún día, el mundo exterior sea tan bello como podemos hacer nuestro mundo interior. Vive con tal intensidad que puedas hacerlo realidad.

Vive con la idea de que *hay que bailar cada día, aunque sólo sea con el pensamiento, porque lo mejor está por venir.*

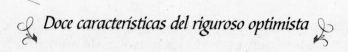 *Doce características del riguroso optimista*

1. Los optimistas casi nunca son sorprendidos por problemas.
2. Los optimistas buscan soluciones parciales.
3. Los optimistas creen que controlan su futuro.
4. Los optimistas entienden la necesidad de renovarse.
5. Los optimistas interrumpen sus pensamientos negativos.
6. Los optimistas agudizan sus poderes de apreciación.
7. Los optimistas utilizan su imaginación para ensayar el éxito.
8. Los optimistas son alegres, aun cuando no pueden ser felices.
9. Los optimistas creen que tienen una elasticidad ilimitada.
10. Los optimistas incorporan mucho amor a sus vidas.
11. Los optimistas gustan de intercambiar buenas noticias.
12. Los optimistas aceptan lo que no pueden cambiar.

ALAN LOY MC GINNIS

Lo que dejamos atrás

En una de esas revistas que acostumbramos leer mientras esperamos en algún consultorio, encontré una pequeña nota que, entre otras cosas, destacaba que todas las noches, al realizar la limpieza del Radio City Hall en la ciudad de Nueva York, se remueven casi diez kilos de goma de mascar pegada bajo las 6200 butacas del teatro. ¿Se imaginan? ¡Diez kilos de chicles! No envidio el trabajo del pobre personal de mantenimiento que cada noche tiene que removerlos. En la misma página, otra nota describía el problema que creaba a las compañías aéreas las miles de maletas y objetos que la gente olvida en los aeropuertos y que nunca reclama.

Se me ocurrió que era un buen tema para pensar sobre la vida. Piensa en ese determinado momento del año cuando, a nivel simbólico, haces (y, si no lo haces, deberías proponértelo) algo así como un balance espiritual de tu vida. Una época en la que miras y planeas hacia delante pero, al mismo tiempo, tratas de recordar lo que has olvidado o dejado incompleto en el pasado. En retrospectiva, como espectadores y viajeros de la vida, reconozcamos que no han sido pocos los días en los que, a lo largo del camino que evaluamos, hemos dejado muchas cosas olvidadas; entre ellas, la vida misma.

Se cuenta sobre el hombre que decidió hacer un viaje en tren entre dos grandes ciudades. Abordó el tren y se sentó junto a otro pasajero, quien le preguntó adónde iba. Él contestó que viajaba a Varsovia. Cuando el tren hizo la primera parada, el primer pasajero corrió a la taquilla, compró un boleto para la siguiente parada y corrió de regreso al tren, apenas a tiempo. Cuando pararon en el siguiente pueblo, otra vez bajó del tren, corrió a la taquilla, compró un boleto para el siguiente pueblo y abordó el tren de nuevo, a la carrera. Su vecino no pudo resistir la curiosidad: "No te entiendo. Si vas de Vilna a Varsovia, ¿por qué no compraste un solo boleto que cubra todo el trayecto del viaje, en lugar de comprar un boleto en cada parada?" El primer hombre le explicó que había acudido al médico porque no se sentía bien. El doctor le informó que su corazón estaba muy mal y que no podía predecir cuánto más iba a vivir. "Así que pensé: Si puedo morirme en cualquier momento, ¿por qué pagar el viaje completo?"

¿Verdad que mucha gente vive así?

Vidas agitadas, círculos incompletos, capítulos sin escribir, melodías inconclusas. Olvidan en cada estación del viaje algunos sueños, emociones y relaciones. Así viajan por la vida: errantes, sin raíces ni lazos, sin memoria y sin recuerdos. Sufren amnesia del alma. *¿Cómo podemos recordar vivir cuando olvidamos hacerlo?*

Tal vez éste puede ser buen momento para recordar, para hacer un ejercicio de memoria. Recordar nuestras acciones, palabras y relaciones. Un momento para preguntarse: ¿qué he dejado atrás? ¿Qué huella he dejado en mi camino?

Conozco personas que dejan una marca de felicidad en otros, por dondequiera que pasan, y conozco personas que dejan justo lo opuesto. Hay quienes nos alegran con su llegada, y hay quienes nos alegran cuando se van. ¿Cuál eres tú?

Existen algunas personas que comparten tu día y dejan tras de sí una presencia de vibra positiva. Sé también de otras personas que entran en tu vida y, sólo de pensar en ellas, se te nubla el día. ¿Cuál eres tú?

He visto a algunas personas que atraviesan una puerta y, con una sonrisa, te dicen: "Hola, que tengas un día sensacional", y recuerdo a otras personas que, apenas te ven, te dicen: "No te imaginas los problemas que tengo" y, antes de que respondas, comienzan a recitar su interminable lista de reclamaciones a la vida. ¿Cuál eres tú?

Algunas personas dan valor a lo que tienen y agradecen a Dios por las numerosas bendiciones de su vida, pero también hay otras personas que piensan que Dios y el mundo están en deuda con ellas. Para algunos, poder agradecer y reconocer es muy importante; para otros la palabra "gracias" no está en su diccionario de vida. ¿Cuál eres tú?

Ciertas personas viven con fe y esperanza a pesar de los problemas y dificultades que enfrentan en la vida; son optimistas por naturaleza. Sin embargo, también hay personas para quienes la vida es de sufrimiento y nada lo cambiará. Son los eternos pesimistas. ¿Cuál eres tú?

Conozco personas en cuya lucha de vida –y sin importar las dificultades que deban enfrentar– no conocen la palabra "rendirse". Sé de otras que son derrotadas sin ofrecer la menor resistencia. ¿Cuál eres tú?

Todas estas personas tocan mi vida y la tuya cada día, de la misma forma en que tú tocas la vida de ellas. Yo he sido enriquecido por individuos que me han inspirado, por gente que me ha ayudado, por aquellos que me han alentado a establecer nuevas metas, a crecer, a superarme y a seguir adelante. También he sido tocado por algunos que me han dejado pesimismo, duda, temor, sospecha, resentimiento, desaliento y desesperanza. ¿Cuál eres tú?

Yo creo que tu actitud frente a la vida hace toda la diferencia.

Hace poco encontré un sitio de Internet que me llamó la atención. Se llama *Death Clock*, que en español significaría reloj de la muerte*, y calcula la fecha de tu muerte . Debes responder ciertos datos: tu edad, sexo, peso y altura. Si fumas o no. Te pide que determines tu estado de ánimo: pesimista, normal, optimista. Pide que indiques tu índice de masa corporal y te explica cómo averiguarlo. Entonces, calcula la fecha estimada de tu muerte y te muestra un recuento del total de los segundos que te quedan de vida. No resistí el morbo teológico, así que capturé toda la información y esperé. Apareció: domingo 17 de enero de 2021. Mi corazón empezó a latir, acelerado. ¿Sólo

---

* La dirección es: www.deathclock.com

17 años más? Tendría 74. No es justo. No puede ser. Volví a la página e hice una pequeña trampa con mi peso. Nada. Con mi altura. Nada. Mi destino era el mismo. Desesperado, hice un último cambio: modifiqué mi estado de ánimo de normal a optimista y oprimí el botón "recalcular". ¡Bravo! La fecha de mi muerte cambió a marzo de 2036. Gané 15 años de vida, y todo, ¡por un cambio de actitud!

Bien, mientras tomas tus decisiones para poder continuar el viaje, no olvides llevar contigo tus pertenencias. No olvides tus sueños y promesas, tus recuerdos y sentimientos, tu optimismo y tu determinación, tu fe y tus ideales. Porque en la vida, una actitud positiva hace toda la diferencia.

VII

Me olvidé de vivir

*He sido un hombre afortunado en la vida;
nada me fue fácil.*
SIGMUND FREUD

¿Crees en el destino?

¿Tú crees en el destino? ¿Crees que cada ser humano tiene un destino? ¿Tú eres de los que, cuando algo sucede, dices: estaba destinado? La gente cree que destino significa algo predeterminado y que no puede modificarse. Una disculpa, pero yo creo que es una actitud. Es declarar, cuando algo nos sucede: "no es mi culpa... es mi destino, soy una víctima y no soy responsable". Yo creo que el destino es como esa simpática historia del pobre José, quien, después de haber ido a la iglesia cada día de su vida, pobre y desanimado, reza: "Dios, he sido tan bueno durante todos estos años, ¿no podrías ayudarme? El premio de la lotería es de cien millones; por favor, déjame ganar sólo esta vez". Al día siguiente vuelve a la iglesia y, sin encontrar respuesta, enojado, levanta la cabeza y grita: "¡Dios, durante todos estos años he venido a Tu casa a diario, y nada! ¿No podrías, sólo por una vez, influir para que gane los cien millones?" A la semana siguiente y sin respuesta, José, ya frustrado y enfurecido, grita: "Escucha, ¡o me dejas ganar la lotería hoy, o no vuelvo nunca más!" De repente, el techo de la iglesia se abre, los cielos se abren y se escucha la voz de Dios: "José, dame una manita; si quieres ganarte la lotería, ayúdame. ¡Al menos ve y compra un boleto!"

Para mí, el destino es entender que, sin importar lo que nos suceda, podemos tener algo mejor, pero debemos salir a buscarlo. Destino es enfrentar las dificultades y los obstáculos para modificar lo que debe ser modificado, para completar lo incompleto. El trabajo que yo debería hacer, la persona que debería ser, el amor que debería dar, todo está ahí, pero es necesario comprar el boleto. Es no dejarse vencer. Es intervenir en tu propio destino.

¡Cómo necesitamos de esa fe, de esa fuerza para encarar la vida de frente! Porque la triste verdad es que, cuando el destino golpea o dificulta la existencia, muchos se dan por vencidos. Se sientan a ver pasar la vida, derrotados. No sucedió así con dos personas. Quiero contarles acerca de ellos. No son cuentos de hadas. Son historias de la vida real.

Hace poco más de 25 años nació un niño. Sin embargo, cuando los doctores y sus padres vieron al bebé, se sintieron tristes. Nació sin la mano derecha. Al crecer, el niño era activo y deportista. Le encantaba el béisbol y su máxima ilusión era convertirse en lanzador. Pero, ¿cómo se puede ser lanzador cuando se tiene sólo una mano? Él estaba lleno de entusiasmo y practicaba hora tras hora, día tras día. Así, comenzó a destacarse en los juegos de su escuela y la gente empezó a ir para verlo jugar. Era una novedad. Llegó a sobresalir a tal grado que transformó su sueño en realidad: jugar en las ligas mayores. En septiembre de 1993, Jim Abbot, quien jugaba para los Yankees, salió a lanzar contra Cleveland. Era un momento importante en un partido importante. Y Jim, con su deficiencia y limitación, pero con fe y esperanza, hizo algo que ningún otro pícher de los Yankees había logrado en diez años: ¡no sólo ganó, sino que lanzó un juego sin *hit* ni carrera!

Te pregunto: si Jim Abbot, que sólo tiene la mano izquierda, puede pichar en las grandes ligas, qué derecho tenemos nosotros de decir: "¡No puedo hacer nada!, ¡es mi destino! ¿Qué puedo hacer?" ¡Seguro que podemos hacer más! Podemos ser mejores personas, padres o madres, hijos o hijas, mejores parejas. Podemos hacer más, dar más y ser más. Podemos ayudar más y amar más. Podemos transformar nuestra vida, podemos modificar el veredicto, podemos salir a buscar el mañana con fe y esperanza. Es posible si queremos, porque tenemos el poder para hacerlo.

También quiero contarles acerca de Zoe Koplowitz. No es intelectual ni teóloga. Se trata de una mujer impresionante. Participó en el maratón de Nueva York en noviembre de 1994. Compitió junto con otras 26 mil personas. Ella fue la última en llegar pero, sin duda alguna, fue la verdadera vencedora. Tiene 46 años y, desde hace 20, padece una enfermedad debilitante: esclerosis múltiple. Camina con dos muletas, paso a paso, con mucho dolor. Fue la última en llegar, pero terminó. Tardó 27 horas con 34 minutos con sus dos muletas, pero llegó a la meta. Para mí, ella es el ejemplo de una verdadera triunfadora. ¿Por qué lo hizo?

Lee su respuesta.

> *Cuando naces, Dios te da un televisor con cien canales. Noventa y nueve tienen buenísimos programas. Uno solo tiene estática. Todos, sin excepción, tenemos ese canal de pura estática en nuestro aparato. Pero uno tiene la opción. Puedes sentarte frente a ese canal durante toda tu vida y mirar la estática, o puedes levantarte y cambiar el canal. Mi compromiso en esta vida es cambiar de canal con tanta frecuencia como sea posible.*

¡Qué sabio pensamiento! ¡Qué ejemplo para imitar! ¿Qué persona hay en este mundo que no tenga un canal con estática en su televisor, que no tenga dificultades, o limitaciones? Pero la decisión es clara: uno puede sentarse, quejarse sobre la estática y desear que la vida le hubiera dado un aparato mejor... o uno puede ir y cambiar de canal. Hay muchas pérdidas o pruebas que pueden ser dolorosas y devastadoras. Todos sufrimos amputaciones espantosas y duras. Algunas físicas, otras espirituales. Pero lo que quiero pedirte es que, en lugar de encontrar motivos de queja o justificación, busques ir al encuentro del destino, convencido de que puedes modificarlo. Alguien escribió:

> *¿De qué se trata la vida? Los días pasan rápido, pero no podemos permitir que cada uno se sienta igual al anterior. Tememos al futuro y sospechamos del pasado. Te preguntas si los sueños nos abandonaron o si fuimos nosotros quienes los abandonamos. No renuncies a tu sueño, no permitas que termine. Aunque sepas que algo se ha perdido, por todo lo que realmente importa, continúa adelante. Sé que no podemos evitar sentirnos algo deprimidos, desalentados.*

Vivimos días difíciles. El mundo está hecho un desastre. Todo esto es real y no podemos dejar de prestarle atención. Pero no debemos olvidar que cada uno tiene dentro de sí una chispa divina y que estamos obligados a vivir con esperanza.

No aceptes de manera pasiva lo que está destinado a ser tu vida. Haz tu parte. Reza como si todo dependiera de Dios, pero actúa como si todo dependiera de ti.

Y, como es natural, ¡no te olvides de comprar tu billete de lotería!

Aprender a vivir

¿Alguna vez te detuviste a pensar u observar el papel que la velocidad juega en nuestras vidas? El comediante Billy Crystal captó muy bien este sentimiento en una escena de una de sus películas, cuando, al dirigirse a los compañeros de salón de su hijo, les dijo:

Valoren este momento de su vida, muchachos. Pasa demasiado rápido. Cuando eres adolescente, crees que puedes hacerlo todo, y lo haces. De cuando estás en tus veinte no recuerdas mucho. A los treinta, tienes tu familia, haces algo de dinero y te preguntas "¿qué fue de mis veinte?" A los cuarenta, te sale pancita y otra barbilla. La música empieza a sonar demasiado fuerte. Una de tus ex novias de la preparatoria se convierte en abuela. A los cincuenta, pasas por una pequeña operación. Dices que fue una "intervención", pero es una operación. A los sesenta, cirugía mayor. La música todavía suena demasiado fuerte pero no importa, porque de por sí no la oyes. A los setenta, tú y tu esposa se retiran a Miami. Empiezas a cenar a las dos de la tarde. Comes el almuerzo alrededor de las diez. Desayunas la noche anterior. Pasas la mayor parte del día de paseo o en la búsqueda de un baño, y murmuras: "¿cómo es que los hijos no llaman?, ¿cómo es que los hijos no llaman?"

Su intención era ser chistoso, pero tú y yo sabemos que hay muy poco humor en el proceso de envejecimiento. Y tú y yo también sabemos cuán frágiles son nuestras vidas. Lo hemos aprendido en el día a día y lo hemos aprendido por la vía del dolor o la tristeza, por lo general. Piensa por un instante lo irónica que es la vida. Sabemos de su fragilidad, sabemos que no toma más que un segundo perder el control de nuestras facultades o, algo más grave, perder la propia vida. Sin embargo, vivimos como si fuéramos inmortales. Piensa por un instante, ¡qué irónica es la vida!

A pesar del ritmo agobiante que nos autoimponemos, cuando se trata de las decisiones más importantes, esperamos demasiado. Cuando se trata de las preguntas cruciales, nos desentendemos, racionalizamos, las dejamos para después. Encontramos mil y una excusas; esperamos demasiado. La frase más repetida entre la gente es: "Tengo prisa" u "hoy no puedo, no me da tiempo". La verdad es que vivimos vidas aceleradas. Desde nuestro nacimiento, en cada etapa de nuestra vida, somos criados y educados de manera acelerada. Debemos crecer, y rápido. Casarnos cuando somos jóvenes, afirmar nuestra posición social lo más rápido posible y conseguir la independencia económica tan pronto como sea posible. Corremos detrás de la vida y dejamos pasar en blanco los momentos más significativos que ella nos ofrece.

Somos corredores crónicos. Y en todo lo que hacemos, cuanto más rápido, mejor. Es como una obsesión: los coches más rápidos, los aviones más rápidos, todo urgente, porque nos falta tiempo. Es cierto que no es un error cuando pensamos en un razonable uso de la velocidad. Pero, me pregunto: ¿por qué esta pasión por la velocidad como un fin en sí mismo, no sólo física, sino aún mental, intelectual y espiritual?

Presionamos a nuestros hijos para que ganen algún año de estudios. Los cursos que hacemos deben ser intensivos. Leemos las revistas o las grandes obras en compendios. Cuando viajamos, debemos visitar la mayor cantidad de países en el menor tiempo posible, sin importar cuánto dedicamos a cada uno o si dejamos de apreciar culturas que podrían enriquecer nuestro espíritu. ¡Todo lo más rápido posible, porque no tenemos mucho tiempo! Corremos cada día de nuestras vidas; estamos siempre en movimiento. Desde la mañana hasta la noche estamos inquietos y angustiados porque no nos alcanza el tiempo. Y así vivimos... o, mejor dicho, así pasamos nuestros días.

Hace algunos años se realizó un estudio muy interesante para responder a la pregunta: ¿Qué hace el ser humano durante los años de vida? Tomaron como promedio de vida 72 años. Mira los resultados: dedicamos catorce años completos al trabajo; 20 años a dormir; cuatro años a placeres y diversiones; tres años a vestirnos y a acudir a salones de belleza; dos años a comer y un año completo lo invertimos en hablar por teléfono. (Este estudio se realizó antes de que los teléfonos celulares se apropiaran de nuestra privacidad.) Los investigadores también llegaron a la conclusión de que, en promedio, un ser humano tiene, por año, cerca de 3 mil horas para su esparcimiento.

¿Qué hacemos con estas 3 mil horas anuales? Algunos las dedican a sus pasatiempos favoritos: colección de libros, timbres, monedas, obras de arte, etc. Otros coleccionan cosas intangibles o inalcanzables; es decir, las cosas que nos prometemos a nosotros mismos que algún día vamos a hacer, y que postergamos por falta de tiempo.

Yo creo que el problema radica en que, cuanto más aceleramos nuestra vida, menos vemos, menos experimentamos, menos disfrutamos. Cuanto más rápido viajamos por la vida, más difícil nos resulta enfocar la vista en un objeto singular. Por nuestra forma acelerada de vivir, distorsionamos la poesía y la belleza, la armonía y el encanto de la vida. No somos animales ni máquinas ni robots; apenas somos seres humanos. Y como seres espirituales necesitamos disminuir la velocidad de la vida para meditar, apreciar, revalorar, observar, renovar. Necesitamos una pausa semanal de renovación espiritual; precisamos de un tiempo para estar con nuestros seres queridos, un tiempo para ser amigos y estar con ellos.

¿Amamos la vida? Entonces, no malgastemos nuestro tiempo, porque es la esencia de la cual está hecha la vida. Que no necesitemos del dolor o la tristeza para comprenderlo. Deseo que aprendamos a crear una nueva dimensión de nuestras prioridades y objetivos. Menos carrera materialista; más caminata espiritual.

Cada día es sagrado, y cada día cuenta. Más aún, cada hora es única e irrecuperable. Debemos pensar y vivir con la idea que expresara el salmista cuando escribió: "Éste es el día que Dios ha creado para que lo vivamos en alegría".

Hoy, este día y no mañana porque hoy no tienes tiempo. Porque sólo cuando utilizamos el tiempo del hoy con inteligencia, tendremos un mañana lleno de bellos recuerdos y memorias significativas.

¿Reconoces las palabras de esta canción que fuera tan popular?

De tanto correr por la vida sin freno
me olvidé que la vida se vive un momento,
de tanto querer ser en todo el primero
me olvidé de vivir los detalles pequeños.
De tanto jugar con los sentimientos,
ya no soy como ayer, ya no sé lo que siento.
Me olvidé de vivir.
De tanto correr por ganar tiempo al tiempo,
queriendo robarle a mis noches el sueño,
de tantos fracasos, de tantos intentos,
por querer descubrir cada día algo nuevo.
*Me olvidé de vivir.**

¿Amamos la vida? Entonces recordemos que debemos disminuir nuestra velocidad personal para apreciar las bendiciones y la belleza que nos rodea.

¿Amamos la vida? Vivámosla. No con velocidad pero sí con intensidad y pasión, compromiso y entrega. Sin postergar; con el objetivo de vivir el tiempo y de darle vida a la vida. Recuerda. No olvides vivirla hoy, cada día.

---

* "Me olvidé de vivir" canción popular de P. Billón, J. Iglesias y M. Díaz.

Tiempo y casualidad

¿Cuántos de nosotros alguna vez hemos vivido la experiencia de ser conducidos hacia la sala de operaciones? ¿Cuántos de nosotros de pronto hemos sido diagnosticados con una enfermedad grave? Si has vivido esta experiencia, sabes que nunca vuelves a ser el mismo. Sabes que, desde ese día, cambia tu percepción de la vida y ves al mundo de manera diferente. ¿No es así?

Tiempo y casualidad. La posibilidad de que algo desconocido, inesperado, imprevisto cambie nuestra vida. El momento que nos rompe y golpea; el instante que nos vuelve indefensos; uno de esos terribles momentos para los cuales la reacción siempre es: "nunca creí que pudiera sucederme a mí". Es más común de lo que quisiéramos pensar. De repente, hay una ruptura en la existencia tan abrupta y desgarradora que nada, nunca, vuelve a ser igual. ¿Dónde podemos encontrar un pensamiento que nos ayude en esos momentos?

Quiero comentarte de alguien que lo vivió. Y quiero contarte cómo, a raíz de esta experiencia, su percepción y personalidad cambiaron para siempre. En el libro del Génesis hay un pasaje que es conocido por su intensidad y dramatismo. Me refiero a la historia del sacrificio de Isaac. Es difícil presentarla desde el punto de vista de Dios o de Abraham. ¿Dios le ordena a un padre que tome a su hijo, a su único hijo, a quien ama, y que lo ofrezca como sacrificio? ¿Y el padre acepta? ¿Qué tipo de Dios ordena algo así? ¿Qué tipo de padre acepta algo así?

Luego, en el último instante, justo cuando está a punto de dejar caer el cuchillo, interviene un ángel que dice: "¡Detente! No necesitas sacrificar a tu hijo". Por lo general, este pasaje se explica como un ejemplo de fe y como lealtad de Abraham. También se explica que sirvió para reafirmar que Dios no quiere sacrificios humanos.

Sin embargo, ¿cómo la explicamos desde el punto de vista de Isaac?

Quisiera tratar de hacerlo porque ni tú ni yo hemos estado jamás en la posición de Dios ni en la posición de Abraham. Pero muchos, en algún momento de nuestra vida, podemos identificarnos y aprender con la difícil experiencia que le tocó vivir a Isaac.

El momento que cambió su vida para siempre fue cuando estuvo bajo el cuchillo. ¿Qué le pasó a Isaac ese día? Creo que, por un instante agonizante, antes de que el ángel interviniera, se enfrentó cara a cara con su muerte. A partir de entonces y durante el resto de su vida, debe haber vivido consciente de ello, porque su vida fue más espiritual. Su padre y su hijo fueron hombres de acción, gente que dirigía grandes negocios, gente muy ocupada. No obstante, como lo manifiesta la Biblia, sólo Isaac dedicaba mucho tiempo a la meditación.

De alguna forma, una vez que has vivido la experiencia, eres diferente, piensas y vives diferente. Ya no te preguntas: "¿cuánto tengo?", "¿cuánto puedo ganar?", "¿cómo puedo llegar primero?" Te preguntas: "¿quién soy?", "¿qué hago con mis días?", "¿cómo puedo disfrutar mi vida?", "¿cómo la lleno de espiritualidad?"

Isaac aprendió que, cuando tienes todo lo que necesitas y valoras de manera apropiada lo que tienes, tu vida y la de tu familia vale más que unos cuantos pozos de agua. Porque, después de haber estado a punto de ser víctima en un altar, aprendió que no iba a sacrificar su vida por un pozo de agua más. Isaac vio ese cuchillo brillante sobre su cabeza, y en ese instante se dio cuenta de que la fama, el poder, el estatus y todas esas otras cosas que parecen ser tan importantes para tanta gente, no significaban nada cuando uno se enfrenta con la muerte.

Él tuvo la sabiduría de aprender que, a fin de cuentas, las únicas pertenencias que valen de verdad son el amor, el respeto de tu familia, un lazo con Dios y tratar de ser útil. Todo lo demás, todas las tonterías que nos ocupan y nos frustran tanto, en realidad no son tan importantes como creemos.

Por ello, lo único que quisiera que consideres es que, si ésta es la lección que todo ser humano aprende cuando está en situaciones extremas, entonces, ¿por qué no podemos aprenderla hoy? ¿Por qué debemos esperar hasta que algo nos suceda a nosotros o a algún ser querido?

Con frecuencia acudo al hospital a visitar enfermos. Hasta el día de hoy, todavía no he encontrado ningún paciente que me diga: "rabino, me equivoqué, debí ganar más dinero", o: "rabino, me equivoqué, no debí pasar tanto tiempo con mis hijos". Nadie me lo ha dicho todavía. Me dicen lo que dijo Isaac: "rabino, le prometo que, si salgo de ésta, voy a vivir de otra manera".

Debemos recordar lo que sabemos, pero preferimos ignorar: que todos tenemos un año más que el año pasado; que ha pasado un año más de nuestra vida y que no volverá. La experiencia de Isaac nos enseña que no puede haber ninguna demora en vivir; que todos estamos a merced del tiempo y la casualidad; que gastamos los días en prepararnos para vivir, pero nunca los vivimos en realidad.

Por favor, aprende la lección.

Deja de prepararte: vive.

No importa tu edad: 10, 30, 50, 80 años.

Ésta es la vida. Tu vida. Es única. Estás con vida.

Pero no cometas el error de creer que vas a vivir para siempre.

No dejes de pronunciar la palabra por pensar que puedes decirla mañana. No dejes de dar el abrazo por planear hacerlo mañana. No dejes de decir "gracias" por creer que ya habrá otra oportunidad. No postergues tu sueño por pensar que ya habrá tiempo. No postergues tu vida por creer que ya habrá tiempo.

Porque tal vez, de manera inesperada, sorprendido te escuches decir: "Nunca imaginé que me pasaría a mí".

Recuerda que la tragedia de la vida no es que termine muy temprano. *La tragedia de la vida es que tardamos demasiado tiempo para comenzar a vivirla.*

❧ El día de hoy ❧

Pon atención al día de hoy
porque es la vida,
la vida misma de la vida.
Se hallan en su transcurso
toda la realidad y verdad de la existencia,
la dicha del crecimiento,
el esplendor de la acción,
la gloria del poder, porque ayer no es sino un sueño,
y mañana es apenas una visión;
pero el día de hoy, bien vivido,
hace de cada ayer un sueño de felicidad,
y de cada mañana, una visión de esperanza.
Pon atención, entonces, al día de hoy.

Proverbio sánscrito

❧ Cada día es día de pruebas ❧

Cierto año, en la Universidad de Duke, en el departamento de Química había dos jóvenes, excelentes estudiantes. Habían obtenido muy buenos resultados en los exámenes semestrales, en las prácticas de laboratorio, etc., de manera, que al acercarse los exámenes finales, ambos tenían 10 de calificación. Cerca de los finales, los chicos estaban tan confiados que el fin de semana anterior al lunes de su examen final de química, decidieron ir a divertirse con sus amigos de la Universidad de Virginia. La pasaron de maravilla. Sin embargo, con la resaca y todo lo demás, se quedaron dormidos todo el domingo y no pudieron regresar a Duke sino hasta el lunes por la mañana.

Como no llegaron a tiempo para presentar su examen, fueron a buscar al profesor Bonk para, después de la prueba, disculparse y explicarle por qué habían perdido la oportunidad. Le contaron que fueron a la Universidad de Virginia el fin de semana y que planearon regresar con tiempo suficiente para estudiar, pero que en el viaje de regreso se les había ponchado la llanta y, como no traían refacción y tardaron en conseguir ayuda, se les había hecho tarde. El profesor Bonk lo pensó y accedió a que presentaran el examen al día siguiente. Los dos estudiantes estaban encantados y aliviados. Estudiaron esa noche y se presentaron al día siguiente a la hora en que el profesor los citó. Los colocó en salones separados, le dio a cada uno su examen y les pidió que comenzaran. Ellos leyeron el primer problema, que era algo sencillo sobre polaridad y soluciones, y valía 5 puntos. "Suave", pensaron, "esto va a estar fácil". Resolvieron el problema y dieron vuelta a la página. Sin embargo, no estaban preparados para lo que vieron en la siguiente página. En ella estaba escrito: Vale 95 puntos. "¿Cuál de las cuatro llantas se ponchó?"

¿Saben qué? A nadie le gustan las pruebas. Sin embargo, vivimos en una sociedad que con frecuencia es sometida a pruebas. Todos estamos sometidos a ellas, pero la honestidad de nuestra respuesta y nuestra actitud ante ella marcarán la diferencia en nuestra vida.

¿Cuál es la actitud que necesitamos si queremos que nuestra vida sea la aventura significativa que sabemos que puede ser? ¿Será que debemos aprender a ver la vida como un salón de clases, y a cada experiencia como un examen para determinar, no cuánto sabemos, sino qué y quiénes somos? Piensa por un instante: ¿quién no es puesto a prueba cada día?, ¿quién no debe, a lo largo de su vida, enfrentarse a pruebas difíciles?

Con frecuencia, la vida nos somete a pequeños retos y nadie está exento. La actitud, el valor y la fe con las que enfrentemos la vida mostrarán de qué tipo de madera estamos hechos. Sí, cada día es día de examen. Como hijos y como padres somos probados. El doctor que enfrenta a su paciente, está siendo probado. El abogado consultado por su cliente está a prueba. El sacerdote, al aconsejar, es sometido a prueba. El periodista, en la objetividad de su artículo. Cada uno es probado en su carácter. Las dificultades prueban nuestro valor. Los fracasos prueban nuestra perseverancia. El éxito prueba nuestra gratitud.

Ver la vida como una prueba significa darle, en todo momento, lo mejor de lo que somos capaces. Cuando uno ha sido bendecido con bienes materiales, su generosidad y sensibilidad se ponen a prueba. Cuando alguien nos ha lastimado, nuestra capacidad para perdonar es sometida a prueba. Cuando nosotros hemos herido a otro, se somete a prueba nuestra humildad. Cuando hablamos, se pone a prueba nuestra honestidad y sinceridad. Ralph Emerson lo expresó en un bellísimo pensamiento:

> *Graben en su corazón que cada día es el mejor del año. Ningún ser humano ha ganado nada en buena ley hasta que aprende que cada día es el día del juicio final.*

Ya sea que nos demos cuenta o no, la vida nos somete todo el tiempo a pequeñas pruebas. Cada día es un examen, y nuestra actitud ante la prueba marcará la diferencia en nuestra vida.

Un viejo carpintero estaba a punto de jubilarse. Le contó al contratista en jefe sus planes de retirarse del negocio de la construcción y empezar a vivir una vida más tranquila en compañía de su esposa y su familia. El contratista lamentó mucho que este buen empleado se fuera y le pidió, como favor personal, que construyera sólo una casa más que necesitaba entregar. El carpintero aceptó, pero con el tiempo fue fácil darse cuenta de que su corazón no estaba en el trabajo. Como notó que su jefe no revisaba las cuentas que le presentaba, el carpintero no sólo descuidó su trabajo, sino que también empezó a usar material de calidad inferior, pero cobraba a precio de artículos de primera calidad. Cuando la casa quedó lista, el carpintero llamó a su jefe para que inspeccionara el trabajo y le entregó las llaves.

En ese momento, y ante la sorpresa del carpintero, el constructor se las devolvió y, con una sonrisa, le dijo: "Amigo, ésta casa es tuya. Es mi regalo por todos tus años de amistad, dedicación y trabajo".

¡Imaginen la vergüenza del carpintero! Resultó que se había engañado a sí mismo.

Seguro que, de haber sabido que construía su propia casa, lo hubiera hecho de la forma correcta. Le hubiera echado todas las ganas, todo el entusiasmo, y no hubiera economizado en la calidad de los materiales. Ahora, él tendría que vivir en la casa que construyó con sus propias manos.

Así sucede con nosotros: construimos nuestras vidas distraídos y reaccionamos en lugar de actuar. Creemos que engañamos a otros cuando, en realidad, nos engañamos a nosotros mismos al no preocuparnos por la calidad de lo que será la base de nuestra propia existencia.

Tu vida actual es el resultado de tus actitudes y oportunidades del pasado. Tu vida futura será el resultado de las actitudes y oportunidades del día de hoy.

Piensa en ti mismo como el carpintero. Piensa en tu casa y constrúyela con honestidad y sabiduría, porque cada uno vive en la casa que construye con sus propias acciones, actitudes y sentimientos.

VIII

¿Hacia dónde viajas?

La vida es un viaje.
La idea es el itinerario.
Victor Hugo

¿Hacia dónde viajas?

Muchos de nosotros crecimos con uno de los programas de la televisión más entretenidos. Seguro recuerdas la serie *Yo Amo a Lucy*. Si es así, seguro que también recuerdas a Lucy, Ricky, Fred y Ethel. Muchos aprendimos a quererlos como si fueran miembros de nuestra propia familia. En más de un episodio, estos fabulosos personajes viajaban y, sin importar cuál el era el viaje, siempre se encontraban con lo inesperado. Era un programa sano, escrito y actuado para hacernos reír, y siempre sabíamos que, al final del episodio, ellos llegarían a su destino sanos y salvos.

Los recordé cuando mostré a mis nietos un álbum de fotografías que, de alguna manera, sintetizaba una reseña de los viajes de mi vida. Cada uno de los lugares tiene su nombre y su historia. Si bien, por un lado, igual que Lucy y sus amigos, a lo largo del viaje me encontré con lo inesperado en más de una oportunidad, por otro lado, a diferencia de la serie, el propósito de mi viaje no era sólo el entretenimiento, sino encontrar mi camino a casa.

Porque la vida de cada uno es una historia de viajes.

Es probable que alguna vez hayas planeado un viaje. Solo,

con la familia o con tus amigos. Sin importar a dónde, muchas veces el tiempo que lleva llegar a destino es aquel durante el cual se fabrican las memorias y se viven las grandes experiencias. Porque los viajes no se limitan a movimientos físicos o paseos por lugares. Tú, como yo, conoces a muchas personas que han sido transformadas por viajes espirituales. Algunos son motivados por la pérdida de un ser querido, o simplemente por los viajes que la vida nos obliga a realizar para crecer. Viajes de alegrías y tristezas, de éxitos y fracasos, de esperanza y desesperanza, de encuentros y desencuentros, de salud y de enfermedad. Viajes llenos de retos y situaciones inesperadas, y que, cuando llegamos a destino, nos hacen sentir más completos y mejores.

Alguna vez leí el relato del capellán del ejército a quien le solicitaron que predicara en una iglesia que estaba a unos 40 kilómetros de su base. Llevó a toda su familia, pero le faltó informarle a su hija de seis años a dónde se dirigían. Después de viajar unos cuantos kilómetros, la niña preguntó: "Papi, cuando lleguemos al lugar a donde vamos, ¿dónde vamos a estar?" En realidad, todos y cada uno de nosotros deberíamos tratar de responder esta inocente pregunta.

Piensa en el camino de tu vida. Tu viaje, ¿tiene un destino? Piensa en el camino de tu vida. Cuando llegues a donde vas, ¿en dónde estarás? ¿Cuáles serán tus memorias? ¿Qué tipo de persona serás?

Vivir sin metas es desperdiciar este hermoso don de la vida. Vivir con una dirección, hacia una meta, significa buscar la plenitud de la vida. El viaje es desafiante e impredecible, y la nuestra es una historia de viajes.

Deseo que puedas alcanzar tu destino final, y que todo el tiempo que te tome *llegar* a ese destino, puedas construir bellas memorias y vivas grandes emociones y experiencias profundas. Es incorrecto pensar que, por tratarse de un viaje, debemos estar en continuo movimiento. Cada parada, a lo largo del camino, tiene un propósito y deberá prepararte para la próxima etapa en el viaje de tu vida.

Cuando llegues hacia donde sea que vayas, ¿dónde estarás? ¿Quién serás?

❧ *Cruzar el Mar Rojo personal* ❧

Entre mis pasajes favoritos de la Biblia, debo mencionarte el emocionante relato del cruce del Mar Rojo. Si recuerdas el relato, cuando el pueblo de Israel rompe las cadenas de la esclavitud y sale de Egipto, tan pronto llega al Mar Rojo, se enfrenta con problemas. De súbito, el pueblo descubre a sus espaldas el fantasma del ejército egipcio y, al frente, las inaccesibles aguas del mar. Un momento lleno de dramatismo. ¿Qué deben hacer? ¿Hacia dónde pueden ir? ¿Cómo reaccionar ante esta crisis?

Yo creo que en ese momento hubo cuatro tipos de reacciones. Un primer grupo exclamó: "¡Lancémonos al mar! ¡No hay esperanza!" Un segundo grupo aconsejó: "¡Escondámonos entre los juncos!" Un tercer grupo declaró: "¡Enfrentemos a los egipcios y luchemos contra ellos!" La cuarta reacción fue: "Mejor regresemos a la esclavitud en Egipto".

Qué similar a tantos momentos de nuestra vida personal, ¿verdad? Cada uno de nosotros, en algún momento de su vida, debe cruzar su propio Mar Rojo. Cada uno de nosotros, tarde o temprano, debe enfrentarse al desafío de alguna crisis. ¿Cuántas veces te ha sucedido que llegas a lo que crees que es un punto sin retorno, donde sientes como si estuvieran los amenazadores egipcios a tus espaldas y las inaccesibles aguas del mar al frente? ¡Sin saber qué hacer, hacia dónde voltear, cómo reaccionar! Problemas en tus relaciones afectivas, en tu familia, con tus hijos, en tu trabajo; sin embargo, tienes que cruzar tu Mar Rojo. Una enfermedad, la muerte de un ser querido, y tenemos que cruzar nuestro Mar Rojo. Hay tantos momentos en la vida que parece que nuestro mundo está amenazado, que nuestro universo se desmorona. ¿Qué debemos hacer? ¿Cómo debemos reaccionar? ¿Cómo enfrentas tu Mar Rojo personal?

Con frecuencia, la reacción de muchas personas es declarar:

"¡Lancémonos al mar! La vida no vale nada, no significa nada, no tiene sentido; ¡lo mejor sería morir!" Nos separamos del mundo y de la sociedad, y abrigamos un amargo resentimiento en el corazón. Descuidamos nuestro hogar, nuestra familia y nuestras responsabilidades.

Otros declaran: "¡Huyamos y ocultémonos!" El escapismo. Nos preguntamos cómo podemos ver a nuestros amigos y conocidos después de lo que nos ha sucedido. Por alguna inexplicable razón nos avergonzamos. Tardamos en entender que huir no es la solución al problema, sólo lo pospone.

Un tercer grupo clama: "Luchemos contra los egipcios". Protestamos y nos quejamos con amargura y sin cesar de la terrible injusticia de nuestro destino. Nos negamos a aceptar lo ocurrido y nos negamos a entender que ya sucedió. Usamos sin cesar la palabra "si": "Si tan sólo el médico lo hubiera descubierto antes; si tan sólo hubiéramos sido más considerados con mamá". Invertimos los días en crear conjeturas, sin darnos cuenta de que, ni hemos cruzado el mar ni hemos evitado la amenaza que está cada vez más cerca.

Una cuarta reacción es: "Di que no es así. Mejor volvamos a Egipto". Tal vez, una reacción infantil. Algunos nunca dejan atrás este patético enfoque de deseos ante los problemas. ¿Cuántos de nosotros buscamos evadir las crisis y queremos volver al pasado? Nos retiramos poco a poco de la realidad y vivimos en un mundo soñado. Acariciamos las fotos de nuestro ser querido, volvemos una y otra vez a los lugares que visitamos juntos o recordamos nuestra feliz adolescencia. ¿Acaso alguna vez has experimentado la desilusión al volver a la casa de tu niñez para descubrir que es mucho más pequeña de lo que imaginabas? El barrio no es tan hermoso ni tan grandioso como lo recordabas. La casa no cambió durante tu ausencia. Tú has cambiado con el paso de los años. No puedes volver a casa ni puedes volver a las ilusiones de un pasado que ya no existe.

A lo largo de la vida y a nivel íntimo, en muchas ocasiones vas a estar frente a tu Mar Rojo personal. Por ello, debemos aprender a ver cada crisis como una oportunidad hacia la madurez y la sabiduría. Cuando surge la crisis, tendemos a sentirnos paralizados. Dejamos de hacer. Perdemos la perspectiva.

Recuerdo aquel antiguo relato popular acerca de que el ángel de la muerte se le apareció en una visión a un sabio maestro. En ella, el ángel le avisó que provocaría una calamidad y que se llevaría 500 vidas. Después de que el terror de la peste devastó la comunidad, el mismo ángel de la muerte volvió a aparecer ante el sabio maestro. Enojado, éste le gritó al ángel: "Me has engañado. ¡En lugar de 500 vidas, te has llevado 3 mil!" A lo que el ángel respondió: "No, yo tomé 500, ni una más ni una menos. El miedo destruyó al resto".

No debemos temerle al miedo. Lo que debemos temer es a la incapacidad de manejarlo. El reconocido doctor Mayo alguna vez declaró:

> La angustia y el miedo afectan la circulación sanguínea, el corazón, las glándulas y todo el sistema nervioso. No he conocido ninguna persona que haya muerto por trabajar demasiado, pero conozco muchas que han muerto víctimas del miedo y la preocupación.

En realidad, si leemos con atención, el mismo relato bíblico nos propone una solución. Mientras el pueblo agonizaba frente al Mar Rojo, Dios regañó a Moisés: "¿Por qué estas exclamaciones de desesperación? ¿Por qué claman ante mí? Diles que avancen".

Debemos correr riesgos, porque lo más peligroso de la vida es no arriesgar nada. Es seguro que las personas que no se arriesgan a vivir, disminuirán sus sufrimientos y algunas tristezas. Pero tampoco podrán aprender, sentir, cambiar ni crecer porque, a fin de cuentas, son las que prefieren la "esclavitud en Egipto" a la libertad del desierto con todos sus riesgos. Cuando estemos frente a nuestro Mar Rojo personal, debemos tener fe. Debemos reaccionar y esforzarnos por avanzar, aunque sea paso a paso.

En tus momentos de dificultad, más acción y menos excusas. Más fe y más determinación. Sólo así podrás acercarte a tu tierra prometida personal.

"Por si acaso"

Siempre que salimos de viaje, me quejo de lo mismo. Mientras meto las siete maletas y los cuatro bolsos a la cajuela, le digo a mi esposa: "mis abuelos inmigraron de Rusia a Argentina con menos equipaje del que tú llevas para este fin de semana". A estas alturas, mi esposa ya sabe que lo mejor es no responder. Ella deja que yo me queje de lo que parece una mudanza y, simplemente, mira hacia otro lado.

¿Qué hay de ti?; cuándo sales de viaje, ¿qué empacas?

Mi esposa lleva ropa de verano y también de invierno, por si acaso cambia el clima. Lleva tantas medicinas, tantas tabletas, por si acaso, que siempre tengo miedo de que en la aduana me vayan a arrestar. Semanas antes del viaje, ella ya no puede dormir por las grandes dudas que la acosan: "¿Debo llevar el suéter por si refresca, o mejor llevo un saco por si el aire acondicionado del restaurante está demasiado fuerte? ¿Debo llevar las sandalias por si salimos a caminar en la playa?" (Aunque viajemos a un lugar situado a miles de kilómetros de la playa más cercana)". ¿Debo llevar un sombrero por si el sol está muy fuerte, o un paraguas por si llega a llover? Aunque no llueve muy seguido en el desierto, pero uno nunca sabe. ¿Debo llevar ropa por si está nublado, si refresca, si hay mucha humedad o acaso hubiera mucho viento?"

Y ahí voy, "Viajes Vivaldi: para las cuatro estaciones", con sandalias y tacones, botas y sombreros, paraguas y bloqueador solar. Cuando mi esposa empaca, su lema es: *"por si acaso"*. Ella debe estar preparada para cualquier emergencia y por eso es que viajamos "leve".

Pero esta semana descubrí que los Rittner no somos los únicos que viajamos así. De hecho, descubrí de dónde sacó mi esposa la idea de llevar cosas "por si acaso". ¿Se imaginan la fuente? Un pasaje de la Biblia que menciona a las mujeres israelitas, como es natural. Si piensas sobre el libro del Éxodo, recordarás que, cuando los israelitas salieron de la esclavitud de Egipto, lo hicieron con mucha prisa. Yo no puedo dejar de imaginar a las mujeres que buscaban cuerdas para amarrar sus maletas, y metían en ellas "alguito" más, mientras sus maridos les gritaban: "¡Apúrate ya! Se van a ir sin nosotros".

Resulta que, al leer la Biblia, encontré un pasaje que me sorprendió. Cuando relata el gran milagro que Dios realizó al abrir el Mar Rojo y permitir que los israelitas cruzaran a salvo, me llamó la atención un detalle que nunca antes había notado. Está escrito: "Y Miriam tomó un pandero en sus manos, y todas las mujeres con ella, bailaron y cantaron con sus panderos".

¿Notan algo extraño? La pregunta es: ¿de dónde sacaron los panderos? Porque estoy seguro de que por esos rumbos no había tiendas libres de impuestos o comercio de recuerdos, por lo cual, la única explicación que se me ocurre es que, la noche que salieron de Egipto, ellas empacaron panderos para llevarlos en el viaje.

¿Por qué lo hicieron? "Por si acaso". Ahora imagina la escena. Última noche de esclavitud y ellas revisan como locas sus cosas e intentan decidir qué llevar y qué dejar. Adivina qué ocurrió. Mientras revisaban los clósets, encontraron los dichosos panderos y cada una debe haber pensado lo mismo: "Quién sabe a dónde vamos. Quizá tengamos muchísimas dificultades en el camino. Pero, ¿qué tal si nos sucede algo maravilloso, algo tan inesperado e increíble que deseemos cantar y bailar? Si eso sucede, nos harán falta los panderos. Además, ¿cuánto espacio ocupa un pandero en la maleta?"

Como es natural, los llevaron. Y sus maridos, cuando vieron esos panderos, seguro que se pusieron histéricos, igualitos a mí cuando veo lo que mi esposa empaca. Seguramente les preguntaron: "¿A dónde crees que viajas: a un festival o a un concierto de Rebelde? Vas a caminar por el desierto y pueden ser muchos meses. ¡Podría tomarnos cuarenta años y no va a haber maleteros! Hazme un favor, deja los panderos. ¿Para qué los quieres?"

Eso es lo que ellos dijeron. ¿Y ellas? Igualitas a la mía, ignoraron las quejas de sus maridos y metieron los panderos a la maleta. Y adivina qué. Cuando llegaron al otro lado del Mar Rojo, para celebrar el milagro, todas desempacaron sus panderos y se pusieron a cantar y bailar. ¿Y los maridos? Los maridos, como siempre solemos hacer, dijeron unos a otros: "Qué gusto me da que me escuchó y trajo el pandero, como le dije".

¿Por qué les cuento esta historia hoy? No es para quejarme de mi esposa; Dios no lo quiera. Lo hago porque, muchas veces, cada uno y todos, a lo largo de nuestra vida, debemos viajar. A veces hacemos viajes planeados; otras veces se trata de viajes inesperados. A veces sabemos que será difícil, hasta doloroso, y que deberemos enfrentar desafíos.

Pero en los viajes de la vida, y tal como nos enseñaron las mujeres, debemos también llevar los panderos, "por si acaso".

Deberíamos llevarlos como símbolos que nos recuerden que, aunque las lágrimas perduren a lo largo de la noche, la alegría llegará en la mañana. Que nos recuerden que, a pesar de las vicisitudes del viaje, seguro que habrá momentos para celebrar. Y que, cuando esos momentos lleguen, debemos estar preparados.

Las mujeres israelitas tuvieron razón al no hacerle caso a las quejas de sus maridos y al llevarse sus panderos, por si acaso hacían falta. Y mi esposa tiene razón cuando no le hace caso a mis quejas y empaca gabardinas y ropa para el sol, sandalias y tacones, botas y gorros, paraguas y bloqueador solar, siempre que vamos de viaje. Tiene razón, porque nunca sabes cuándo puedes necesitarlos. Así que está bien empacar esas cosas, "por si acaso".

Eso es lo que quiere enseñarnos la Biblia: "Cuando salgas de viaje, empaca tus panderos, porque no puedes prever cuándo los usarás. Debes viajar con la fe de que, en algún momento o en alguna estación de este viaje de la vida, los utilizarás".

Si las cosas salen bien, podrás usarlos para cantar y bailar. ¿Y si no? Bueno, como dice mi esposa, de todas formas hay que llevarlos, "por si acaso".

(Con reconocimiento para mi esposa, quien me autorizó incluir este texto.)

IX

Fracasando camino al éxito

Si un hombre te dice:
"He buscado y no he encontrado".
No le creas.
"No he buscado y he encontrado".
No le creas.
"He buscado y he encontrado".
Créele.
Talmud

Tolerancia al riesgo

¿Me permites hacerte algunas preguntas personales?

La primera: Si tomas en cuenta el reciente maremoto en las regiones de Asia que provocó cientos de miles de muertos y devastó muchas regiones, ¿elegirías vivir allí? Segunda pregunta: Si tomas en cuenta las nevadas y tormentas que días atrás paralizaron toda la costa Este de Estados Unidos, ¿elegirías vivir allí? Tercera pregunta: Si tomas en cuenta el crimen sin control que a diario ocurre en este país, los robos y la violencia que afectan esta ciudad, ¿quién, en su sano juicio, querría vivir aquí? La última pregunta: Si alguien te presentara un contrato y te dijera que viene directo de la mano de Dios y te pidiera que lo firmaras, ¿lo harías sin primero leer hasta las letras más pequeñas que vienen en un seguro?

Bien, el principio unificador de todas las preguntas que hice es: ¿cuál es tu tolerancia al riesgo? Porque, si nos vamos a preocupar por los riesgos, no deberíamos vivir en la Ciudad de México porque hay terremotos y violencia; y no debemos vivir en Moscú o en Nueva York, por la nieve; o en Miami, por los huracanes; o en Pukhet, por los maremotos. Si quieres asegurarte al máximo, en realidad no debes vivir, porque no hay lugar donde estés seguro por completo.

Hace poco leí que beber mucho alcohol es malo para el hígado, y también leí que beber un poco de alcohol es bueno para el corazón. Leí que, si uno hace muy poco ejercicio, puede tener un infarto; también leí que, si uno hace demasiado ejercicio, puede sufrir un infarto. Leí que, si uno toma una aspirina todos los días, puede acortar o alargar la vida. Leí que el café sin cafeína es bueno para el colesterol, y también leí que es muy malo. Los expertos todavía no están seguros. La única cosa en la que todos están de acuerdo en que ayuda a prolongar la vida, es tomar una dosis diaria de ajo. Pero, ¿de qué sirve, si jamás nadie se va a acercar a ti?

La verdad es que la vida se ha vuelto cada vez más arriesgada sin importar dónde se la viva, qué se coma, dónde se vaya; por lo que, si uno quiere estar a salvo, no hay que ir, ni comer, ni volar, ni manejar, ni correr, ni dormir, no hay que establecerse aquí ni allá; en pocas palabras, si quieres estar seguro por completo, no vivas.

Esto lo ilustró Isaac Bashevis Singer en un relato titulado "¿Para qué arriesgarse?" Es la historia de un exitoso hombre de negocios lleno de vitalidad, Israel Danziger, quien había trabajado duro durante toda su vida. A los 65 años le dio un infarto y se mudó a vivir a Miami. Su esposa quiso asegurarse de que se mantuviera sano, por lo que no le quita el ojo de encima. Le prohíbe fumar, comer, beber. Todo lo que le encantaba comer está prohibido. Ya no puede comer mantequilla, sólo margarina. No puede tomar azúcar, sólo sustitutos. No puede comer carne roja, sólo ensaladas. Todos los días, su esposa le da queso *cottage* con ensalada y jugo. ¡Pobre Israel Danziger! ¡No puede vivir así! Por eso, una vez a la semana engaña a su mujer. ¿Qué es lo que hace? Va al restaurante Wolfie's. Ahí, enciende un puro, come arenque, un sándwich de *pastrami* y luego ordena un pedazo de pastel de queso. Un día estaba sentado en la cafetería y llegó su viejo amigo, Morris Saperstein, quien está ahí por la misma razón que él. Los dos se lamentan juntos. Danzinger le dice a Saperstein: "¡Todas estas dietas me enferman! ¿Qué hacía la gente antes, cuando no se sabía del colesterol? Mi abuelo comía de todo, ¡y vivió hasta los 89 años! Sólo murió porque se resbaló en el hielo".

¿Cómo termina la historia? Danziger y Saperstein pagan la cuenta y salen a caminar en la playa, sin suéter, sin sombrero, y fuman. Mientras caminan, ven un letrero que dice: "Se vende hotel". Se miran y se preguntan: "¿Y si lo compramos?" Ambos responden: "¿Y por qué no?"

Uno se pregunta si comprarán el hotel o no. Ellos saben que es arriesgado y saben que sus doctores dijeron que deben evitar tensiones pero, al mismo tiempo, sienten que, sin riesgos, sus vidas han perdido sentido.

Pienso que ésta es una lección importante para nuestra vida: arriesgarnos. Aprendamos que no hay vida sin riesgo. Que, para vivir de manera más significativa, debemos arriesgarnos a amar, a creer, a ser y a soñar.

A pesar de que ellos no lo sepan, los que quieren una vida sin riesgos ya están muertos, aunque sigan vivos.

Saber evaluar

Entre mis libros favoritos, el Génesis es el primero en la lista. Sin duda alguna, es una maravillosa fuente de inspiración y aprendizaje. Cada palabra, cada frase y muchos de sus relatos contienen valiosas enseñanzas que nos ayudan a realizarnos como personas y a dar contenido a nuestras vidas. Muchos pasajes en este libro reflejan el drama de la vida y nos ofrecen la oportunidad de extraer de esas perlas preciosas de sabiduría, nuestro alimento espiritual para cada día. Si tuviera que seleccionar un ejemplo de lo que les menciono, escogería la siguiente escena; cada vez que la leo me impresiona de nuevo. Las palabras son pocas y el diálogo es corto, pero está lleno de significado.

Cuando Jacob llegó a Egipto, después del emocionante reencuentro con su hijo, fue llevado frente al faraón, quien le preguntó a Jacob su edad. Lo que sorprende de su respuesta es que lo hace de una manera poco común. El faraón pregunta: "¿Cuántos son los días de tus años de vida?". Y Jacob responde: "Los días de años de mi peregrinación son 130 años". Hasta aquí, todo en orden; pero Jacob agrega una conmovedora evaluación sobre su vida: "Los días de los años de mi vida han sido pocos y malos".

¿Has escuchado a alguien alguna vez responder así? Poca gente considera cada día como importante o con un sentido especial. Sin embargo, creo que su respuesta invita a pensar. Creo que él nos dice que un verdadero ser humano no vive años, sino días.

Quiero imaginar que, al hacer una evaluación de su vida, Jacob debe haber recordado los fracasos que sufrió. Debe haber recordado la traición a su hermano para obtener la bendición de su padre. Debe haber recordado su gran amor por Raquel y la traición de su suegro Labán. Debe haber recordado y lamentado su favoritismo por su hijo José, quien creó una barrera entre padre e hijos que de seguro afectó las relaciones familiares. Por sus palabras, parece que Jacob sentía que su vida era un fracaso total. Como había fallado algunas veces, él consideraba que toda su vida era un fracaso.

¿Acaso muchos no se identifican con la respuesta de Jacob y piensan que los días de lo años de su vida son pocos y malos?

Sin importar tu edad, la verdad es que todos tenemos miedo al fracaso. El estudiante teme fracasar en sus exámenes. Una pareja teme fracasar en su matrimonio. Padres tienen miedo de fracasar en la educación y en la preparación de sus hijos para la vida. Hombres o mujeres de negocios temen que un fracaso destruya todo lo construido durante años de trabajo.

Muchos enfrentan su propia realidad y, tal como hiciera Jacob, declaran que los días de los años de su vida han sido pocos y malos. Parte del problema está en el hecho de que la sociedad en la cual vivimos está orientada al éxito. Todo lo que hacemos debe ser exitoso. La meta final es la victoria. Como lo escribiera un amigo, con sentido del humor, vivimos en una sociedad que enseña que toda cuestión tiene dos puntos de vista: el equivocado y el nuestro; que los honestos son inadaptados sociales; que tener la conciencia limpia es síntoma de mala memoria y que lo importante no es ganar, sino hacer perder al otro. Estamos tan convencidos de que el éxito es lo relevante que, si fallamos, creemos que ya no tenemos más valor como seres humanos.

Eric Ericsson escribió que es en esos momentos cuando nos invade un sentimiento de desesperación que nos hace creer que el tiempo es corto, demasiado corto para intentarlo otra vez y para tratar de probar caminos alternativos de vida. Yo pienso que, cuando evaluamos nuestra vida, no podemos sólo observar nuestras derrotas y olvidar nuestras victorias.

De manera similar, Ernest Hemingway, en su libro *Adiós a*

las armas, escribió: "La vida nos lastima, pero muchos se hacen fuertes justo en los lugares lastimados". Porque así lo creo, me cuesta trabajo aceptar las palabras de desesperanza de Jacob. Sí, él tuvo sus derrotas. Pero tuvo también sus victorias.

El sueño de Jacob en Bet El; su hijo José, a quien dio por muerto y a quien reencuentra como primer ministro. Su lucha contra el ángel; su abrazo con el hermano con quien vivió tantas dificultades... Sí, la vida de Jacob fue difícil, como la de cada uno de nosotros, con victorias y derrotas.

Para tener memorias inspiradoras, debemos sumar días significativos y buscar los caminos alternativos. Son los fracasos los que dan mayor sabiduría a nuestra vida. Porque la grandeza, el éxito del ser humano, no reside en nunca fracasar, sino en tener las fuerzas para levantarse después de cada caída.

En cierto sentido, todo lo que hay en la vida es un riesgo. Sin embargo, muchos entre nosotros viven cada día en medio de los restos de sueños destrozados.

Desde nuestra infancia llenamos nuestra memoria con momento tras momento de pérdida, desdicha y fracaso. Soñamos con las bicicletas y los autos de carreras en nuestro cumpleaños, las casas de muñecas gigantes y los príncipes sobre corceles blancos; soñamos con ser los más populares en la escuela; soñamos con el trabajo perfecto, la casa perfecta, los hijos perfectos, el esposo o esposa perfectos; con las chispas de pasión y amor que nunca se apagarán. Soñamos con ganar la lotería, con escribir una novela inmortal o el guión ganador del Oscar. Y luego están también los sueños sencillos y cotidianos: una palmada de aprobación en el trabajo, un aumento no solicitado, una palabra de cariño, una flor sin que sea una fecha especial. No importa cuáles sean los sueños que hemos permitido entrar a nuestro corazón, éstos han llenado el mundo de nuestra vida interior, día tras día, mes tras mes, año tras año. Son una parte dormida de nuestra vida.

El resultado final de esta acumulación de sueños sin cumplir es que cada uno de nosotros vive la vida como un sobreviviente emocional. Hemos aprendido a vivir con montañas de decepciones, sin darnos cuenta nunca de la profundidad de nuestra tristeza y pérdida. Sin embargo, cada uno de nosotros no sólo ha sobrevivido estas pérdidas, sino que ha prosperado de muchas formas, gracias a estos sueños sin cumplir.

De hecho, la lección fundamental que quiero transmitirte es que *cada uno de nosotros ha pasado su vida fracasando camino al éxito.*

Lo que es más, al observar la vida de todas las personas que consideramos exitosas, es inevitable encontrar que el camino que los condujo hasta donde están ahora, fue una carretera que se dirigía a través de un "fracaso" que, en su momento, parecía insuperable.

Piensa ahora, por un momento, sobre el lugar donde te encuentras en este momento de tu vida. Escoge un aspecto positivo de tu vida, ya sea una relación, un trabajo o en cualquier área de vida que te plazca. Ahora, crea en tu mente una línea del tiempo inversa que comience el día de hoy y corra hacia atrás a lo largo de tu vida. Observa todos los sucesos, personas, experiencias y "accidentes" que sucedieron, sin los cuales no experimentarías la vida como la conoces hoy.

Siempre que alguien hace este ejercicio, es inevitable que se sorprenda ante la cantidad de momentos, que parecieron negativos, pero sin los cuales los positivos actuales nunca hubieran sucedido.

El problema es que la mayor parte del tiempo no estamos conscientes del papel que desempeñan en nuestra vida estos fracasos temporales. La mayor parte del tiempo caemos en la trampa de la naturaleza humana y nos quejamos con amargura de los caprichosos poderes del universo que parecen frustrar nuestras metas y aspiraciones, y nos avientan obstáculos en medio del camino.

Yo quisiera recordarte la capacidad natural que tienes para convertir el fracaso en éxito y la frustración en logros. La mayoría de la gente teme al fracaso, y este temor le impide intentar cosas nuevas. Le impide aprender nuevas habilidades y conocer gente nueva. Le impide explorar nuevos mundos de oportunidad casi todos los días de su vida. Más importante aún, le impide alcanzar el éxito.

Una de las más grandes ironías de la vida es que el fracaso es la ruta más rápida hacia el éxito. En muchos casos, es la única ruta. Para la mayoría de nosotros, en realidad parece que nuestro temor al fracaso crece en proporción directa a nuestra edad. Mientras más grandes somos, más cuidadosos nos volvemos y más nos aferramos a los modos seguros y establecidos; nos arriesgamos menos y, como una profecía que se cumple, tenemos menos éxitos.

Por desgracia, la gran mayoría de nosotros parecemos caminar de puntitas y en silencio por la vida, como si nuestra meta más importante fuera llegar a salvo al otro lado sin que nadie se dé cuenta. Yo quiero insistir. Debemos aprender que *la clave del éxito en la vida consiste en estar dispuestos a fracasar.*

Cada una de las habilidades que hemos logrado comenzó con el fracaso. Ni uno solo de los atletas de cualquiera de los países representados en los Juegos Olímpicos pudo ganar la medalla de oro la primera vez que corrió, saltó, nadó o remó. Nadie logra un éxito sin haber fracasado primero.

George Bernard Shaw escribió:

> *Cuando deba morir, quiero estar desgastado por completo puesto que, mientras más duro trabaje, más vivo. Me regocijo en la vida por sí misma. La vida no es una "efímera vela" para mí. Es un tipo de antorcha espléndida que puedo asir durante un momento, y quiero hacer que ilumine tan brillante como sea posible antes de pasársela a las generaciones futuras.*

Así que quiero invitarte a celebrar tus fracasos y los reconozcas como la llave para tu éxito, porque cada persona en la

Tierra pasa por todo tipo de fracasos, todo el tiempo. Pueden ser momentos simples, como cuando no logramos cumplir nuestros deseos o expectativas. Pueden ser momentos en que no alcanzamos una meta específica que habíamos imaginado que podíamos lograr, o cuando las relaciones no funcionan como habíamos soñado. Estas experiencias son parte de la vida. De esto se trata la vida.

Son los fracasos los que pueden convertir vidas ordinarias en extraordinarias. Pueden elevarnos a alturas que nunca creímos alcanzar.

El desafío radica en darse cuenta de que uno tiene el poder de transformar cada fracaso en un éxito; cada tragedia, en un triunfo; cada error, en sabiduría. Imagina lo diferente que habría resultado nuestra vida si, cuando éramos niños, hubiéramos sentido el mismo temor al fracaso que aprendemos a sentir como adultos. Nunca hubiéramos aprendido a caminar, a andar en bicicleta, a nadar. En realidad, no hubiéramos aprendido a hacer casi nada. Todos iríamos a gatas a trabajar si hubiéramos permitido que el monstruo conocido como el temor al fracaso nos espantara y no nos permitiera intentarlo una y otra y otra y otra vez. Sin embargo, nosotros aprendimos a balancearnos sobre dos piernas. Luego, de manera tentativa, colocamos una pierna enfrente de la otra hasta que tuvimos éxito y caminamos.

Recuerdo una historia que me contaron cuando era pequeño, acerca de un pájaro notable: el pájaro de la sabiduría que, cierta vez, cayó en manos de un cazador. La alegría de este hombre no tenía límites pues había conseguido capturar uno de los pájaros más raros que había sobre la faz de la Tierra. De repente, y para sorpresa del cazador, el pájaro comenzó a hablarle: "Suéltame y te diré cómo alcanzar la felicidad en la vida". El cazador, al escucharlo, pensó: "Si este pájaro me enseña a ser feliz, ¿qué más podría yo, o cualquier otro ser humano, desear en la vida?" De inmediato aceptó la propuesta y el pájaro comenzó a hablar: "Recuerda siempre estas tres reglas y serás feliz para el resto de tu vida: Nunca te arrepientas de lo irrevocable. Nunca creas lo imposible. Jamás trates de alcanzar lo inalcanzable".

Fiel a su promesa, el cazador dejó al pájaro en libertad, y éste de inmediato voló hasta la rama más alta de un árbol. Desde allí se burló del cazador y le dijo: "Cómo eres tonto, cazador. ¡Permitiste que volara, cuando tengo dentro de mí una piedra preciosa!" Furioso, el cazador se arrepintió de haber dejado en libertad al pájaro, corrió hasta el árbol y comenzó a trepar para intentar alcanzarlo. Sin embargo, en su ansiedad por llegar hasta donde estaba el pájaro, perdió el equilibrio, cayó y se lastimó las piernas. "Cómo eres tonto", se burló el pájaro. "Acabo de enseñarte tres reglas para ser feliz y ya te olvidaste de ellas. Te dije que nunca te arrepientas de lo irrevocable y, tan pronto me diste la libertad, te arrepentiste. Te advertí que jamás debías creer en lo imposible y, sin embargo, fuiste lo suficientemente ingenuo como para creer que hay una piedra preciosa dentro de mí. Te advertí que no intentaras alcanzar lo inalcanzable y, de manera tonta, trataste de atrapar un pájaro con las manos. Bien, ya que fracasaste en cumplir estás tres simples reglas para ser feliz, estás condenado a una vida triste".

¿Qué podemos aprender nosotros del pájaro y el cazador? Que la verdadera sabiduría no está en cometer errores, sino en aprender de ellos. Lo que pasó, pasó. El error es volver a repetirlo. No creer lo imposible. No permitir que las fantasías dominen nuestro pensamiento a punto de no distinguir entre lo real y lo fantástico. Y no tratar de alcanzar lo inalcanzable. Muchas veces, la felicidad de vivir se nos escapa de las manos porque nos ponemos metas u objetivos demasiado altos o remotos.

Sí, debemos tener sueños, pero no permitamos que, por ambición, se destruyan las bendiciones que ya tenemos y que tan a menudo dejamos de apreciar. Tú y yo poseemos el mismo poder. Sin importar nuestros sueños, metas, pasado, riqueza o educación, cada uno y todos tenemos el poder de aprender de nuestros errores y, más aún, utilizarlos para nuestro camino al éxito. Aprendamos de ellos para buscar realizarnos como personas.

Pablo Picasso escribió: "Mi madre me dijo: 'Si te vuelves un soldado, serás un general; si te vuelves monje, llegarás a ser Papa'. En vez de ello, me volví pintor y acabé por ser Picasso".

El desafío es crear éxito en el campo que hemos elegido, crear relaciones de amor con amigos y familiares, crear un sentimiento de propósito y significado a nuestras vidas. Cada vez que actuamos con actitud positiva, cada vez que decidimos asumir un riesgo, hemos recorrido la mitad del camino.

Sí, son los fracasos los que dan sabiduría a nuestra vida. La verdad es que aprendemos más de los fracasos que de los éxitos. La actitud de arriesgarnos y las fuerzas para levantarnos después de un fracaso es lo que nos hace mejores y más completos seres humanos. Es lo que dará vida a nuestra vida.

El secreto está en vivir de forma tal que, cuando te pregunten "¿cuántos años tienes?", puedas sonreír y responder: *"Una vida larga, una vida corta, ¿cuál es la diferencia? Una vida llena de belleza".*

❧ ¿Cuál es tu valor? ❧

Conozco mucha gente que trata con Dios o con ella misma como el comediante Jackie Mason lo hacía con su psicólogo: Antes me preocupaba, pero ahora ya sé quién soy. Cuando no lo sabía, acudí al psicoanalista. En cuanto entré, me dijo: "Éste no es tu verdadero yo." Entonces, le pregunté: "¿Qué tengo que hacer?" Y él me respondió: "Debemos buscar tu verdadero yo. Serán 400 dólares". Yo le respondí: "Si éste no es mi verdadero yo, entonces, ¿por qué debo yo pagarle 400 dólares a usted? Mejor, encuentre a mi verdadero yo y que él le pague. De hecho, tal vez mi verdadero yo también sea psiquiatra. Tal vez mi verdadero yo sea usted y entonces usted me debe a mí 400 dólares. Le diré qué haremos. Déme 50 dólares y aquí no ha pasado nada".

Buscar nuestro propio yo no admite negociación posible. Reconozco con sinceridad que buscar el propio yo no es tarea fácil pero, para que tenga valor y por más doloroso que pueda resultar el proceso, requiere una total honestidad consigo mismo. Se me ocurrió tratar este tema cuando leí un episodio sobre la vida de Jorge Luis Borges, el renombrado escritor argentino, en el que se cuenta que, ya casi ciego, una tarde caminaba del brazo de su acompañante por las céntrica calle de Florida, en Buenos Aires. Repentinamente, un transeúnte que por allí pasaba, al reconocerlo, se le acercó y, emocionado, lo abrazó al tiempo que le gritaba: "¿Es usted Borges? ¿Es usted Borges?", a lo que el intelectual, impávido, respondió: "Fíjese usted que justo eso es lo que yo me pregunto cada mañana: ¿Acaso yo soy Borges?"

Así que mi primera pregunta en esta ocasión es: ¿Quién soy? Y, con ella, otra pregunta no menos difícil: ¿Cuál es mi valor?

El joven estudiante se lo pregunta mientras espera rendir su examen de graduación. ¿Será que lo lograré?

El novio y la novia piensan en estas preguntas cuando se

preparan para dar el primer paso por ese largo pasillo que los llevará hasta el atrio nupcial. ¿Será que no la(lo) decepcionaré? Un vendedor, cada vez que está frente a un cliente potencial, también piensa en ello.

En fin, cada uno y todos, en muchos momentos de nuestras vidas, nos enfrentarnos a estas dos preguntas.

Para ayudarnos en las posibles respuestas, quiero compartir contigo tres episodios en la vida de tres diferentes personas.

La primera fuente la encontramos en la Biblia, en el libro del Éxodo. Dios llama a Moisés y le dice: "Desciende a Egipto, enfréntate con el Faraón y dile que deje salir a mi pueblo". Moisés responde: "¿Quién soy yo para ir ante el Faraón? No me escuchará. La gente tampoco me escuchará. No soy un buen orador y tengo un problema del habla. No puedo hacerlo". ¿Y qué le responde Dios? "¿Quién es el que hace que una persona tenga o no tenga valor? No es el Faraón quien lo decide y tampoco es el pueblo. Soy Yo, el Señor, el que hace que una persona sea digna y de valor". Como muchos de nosotros ante las grandes decisiones, el propio Moisés se pregunta: "¿Cuál es mi valor? ¿Seré capaz de lograrlo?" No obstante, fortalecido al escuchar las palabras de Dios, Moisés acepta el desafío.

Me conmueve la respuesta de Dios. No importa lo que el Faraón u otros puedan pensar. Lo único que importa es *lo que Dios piensa de ti y lo que tú piensas de ti.*

Hasta no hace mucho tiempo, habría pensado que esa respuesta era ingenua. Mientras más viejo me hago, más me doy cuenta de que es la respuesta más realista que conozco. Piensa, ¿qué alternativa tienes? Si sientes que lo que vales depende de lo que otros piensen de ti, entonces dependes de ellos y terminas sin personalidad ni seguridad propia. Por tanto, no es tan ingenuo responder a esta duda si dejamos entrar a Dios en nuestra vida diaria. Cuando lo hacemos, al tiempo que entra la fe, ganamos seguridad espiritual.

Un segundo ejemplo que refuerza esta idea lo tomé de la vida del gran compositor, famoso creador de maravillosa música para ballet y de espléndidas sinfonías. En 1888, cuando presentó en Leningrado la *premier* mundial de su *Quinta Sinfonía*, por alguna razón, no sabemos por qué, el público y la orquesta no respondieron con entusiasmo a su obra. Tchaikovsky volvió esa noche a su casa destrozado por completo. Cayó en una profunda depresión que duró dos años. Entonces, en 1890, la obra fue presentada de nuevo, esta vez en Hamburgo, y recibió una ovación impresionante. Volvió a casa y escribió en su diario: "¡Siento que he vuelto a nacer! ¡Siento que, después de todo, valgo algo!" ¿Imaginan su reacción? Fue la misma obra. Es probable que no la tocaran mucho peor la primera vez, ni mucho mejor la segunda. Sin embargo, la reacción del público, que casi lo destruyó la primera vez, restauró su autoestima la segunda. Así de vulnerable era él ante la opinión pública. Tanto así necesitaba la adulación del público.

¿Verdad que es una historia triste? Nadie jamás debería depender tanto de la alabanza o temer tanto a la crítica de forma que su autoestima suba o baje según lo que otras personas piensen, opinen o sientan.

Mi tercer ejemplo se basa en un episodio que Shirley McLaine vivió hace algunos años. Ella ganó el Oscar por su maravillosa actuación en una película. Me impresionó su mensaje al aceptar el honor. Sus palabras fueron:

A final de cuentas, les diré que el cine y la vida son como barro en espera de que le demos forma. Cuando en tu interior confías en que sabes cómo hacerlo, ahí está tu éxito. No en lo que otros digan al respecto; no en si te ganas un Oscar por ello. Esas cosas son extra, son el betún sobre el pastel. Pero si tomas una película, o si puedes tomar tu vida, y darle forma; y si puedes confiar en tu interior en que sabes cómo hacerlo, eso constituye el éxito.

Al mostrar el Oscar, agregó: "Lo merezco", y se sentó. ¡Qué presencia! ¡Una mujer con autoestima! Alguien que no se deja afectar por lo que otros digan, piensen o sientan sobre ella.

Amigo, amiga, con todo respeto para quienes creen tener una frágil autoestima, quisiera sugerirte que pensaras que, si Dios pensó en crearte a Su imagen y semejanza, entonces vive con la idea de que tú tienes algo de especial y valioso a Sus ojos.

Eso es lo importante. Esfuérzate y recuerda que, si somos valiosos ante los ojos de Dios, debemos serlo también ante nuestros propios ojos.

"El descubrimiento del manzano"* es un cuento que muestra con singular poesía la idea que quiero transmitirte. Con frecuencia digo que es un cuento para niños pero, en especial, es para el niño que hay dentro de cada adulto.

En un gran bosque de robles, en donde los árboles crecían altos y majestuosos, había un pequeño manzano. Era el único manzano en ese bosque y, por tanto, estaba solo.

Llegó el invierno. Al caer, la nieve cubrió las ramas del pequeño manzano. El bosque estaba tranquilo y en paz. Una noche, el pequeño manzano alzó la vista al cielo y vio un paisaje maravilloso: entre las ramas de los árboles, el pequeño manzano vio las estrellas en el cielo, las cuales parecían colgar de las ramas del roble.

"¡Oh, Dios!", susurró el pequeño manzano, "qué suerte tienen esos robles de tener tan bellas estrellas colgadas de sus ramas. Lo que más quisiera en el mundo es, como los robles, tener estrellas en mis ramas. Entonces me sentiría especial de verdad".

Dios escuchó al pequeño manzano y le dijo, con gentileza: "Ten paciencia, pequeño manzano".

El tiempo pasó, la nieve se derritió y la primavera llegó a la Tierra. En el pequeño manzano florecieron manzanitas rosadas

---

* De Peninah Schram y Rachayl Eckstein.

y blancas. Las aves se posaron en sus ramas. La gente pasaba frente al pequeño manzano y admiraba sus bellos retoños. Durante todo el verano, el manzano creció. Las ramas del árbol se llenaron de hojas y retoños. Pero, noche tras noche, el pequeño manzano miraba al cielo, con sus millones de estrellas, y exclamaba: "¡Dios mío, lo que más quiero es, como esos robles, tener estrellas en mi tronco, en mis ramas y hojas!".

Dios miró al pequeño manzano y dijo: "¿No es suficiente tener sombra que ofrecer a la gente, y tener fragantes retoños y ramas en las cuales las aves puedan descansar para cantarte sus canciones?" El manzano suspiró y respondió: "Querido Dios, no quiero parecer malagradecido, pero eso no me hace especial. Claro que aprecio el placer que doy a otros, pero lo que en verdad quiero es tener estrellas, no retoños, en mis ramas. ¡Entonces me sentiría muy especial!" Dios sonrió y respondió: "Ten paciencia, pequeño manzano". Las estaciones cambiaron de nuevo y, muy pronto, el árbol estuvo cargado de muchas y hermosas manzanas. La gente caminaba por el bosque. Quien veía el árbol, alzaba el brazo, tomaba una manzana y la saboreaba.

Incluso así, cuando la noche caía en el bosque, el manzano miraba las estrellas en los robles y exclamaba: "¡Oh, Dios!, lo que más quiero en el mundo es tener estrellas sobre mis ramas. ¡Entonces me sentiría muy especial!" Y Dios le preguntó: "Pero, manzano, ¿no es suficiente con tener tantas manzanas para ofrecer a la gente? ¿No te da suficiente placer ni te hace sentir especial?" Sin decir palabra, el manzano agitó sus ramas como respuesta.

En ese momento, Dios hizo que soplara el viento. Los grandes robles se ladearon y el manzano comenzó a temblar. Desde la cresta del manzano cayó una manzana que, al golpear con el suelo, se partió por la mitad.

"Mira", ordenó Dios, "mira dentro de ti. ¿Qué ves?"

El pequeño manzano miró hacia abajo, y vio que, justo en el centro de la manzana, había una estrella.

El manzano exclamó: "¡Una estrella! ¡Tengo una estrella!" Dios sonrió y añadió: "Sí. Tienes estrellas en tus ramas. Han estado ahí todo el tiempo, y sólo tú no lo sabías".

Hasta aquí el relato.

Es triste que sólo baste con observar a la gente para percibir que la mayoría vive y actúa como el manzano del relato.

Hoy es una oportunidad para traer esperanza, optimismo y, de manera especial, autorrespeto a nuestra vida. Es poder creer en nosotros mismos y en que somos valiosos.

Las estrellas están ahí, dentro de cada uno de nosotros, a la espera de ser descubiertas. Deja de buscar y envidiar la estrella en los otros, porque muchas veces lo que verás es una estrella que brilla sin luz propia. En cambio, busca con cuidado y la encontrarás dentro de ti. Cada día, cada uno necesita mirar hacia adentro y buscar la estrella que vive en su interior.

El sentido de la vida es que no podemos ni debemos tratar de cambiar un manzano por un roble. Pero sí debemos tratar de cambiarnos a nosotros mismos. Cada uno tiene las semillas que crecen; cada uno planta sus raíces y, con paciencia, cada uno puede llegar a dar frutos.

Cada uno tiene la misión personal de conquistar su tierra prometida. Para ello, cada uno debe enfrentarse día a día con los desafíos que encontrará a lo largo del camino. Esfuérzate. Avanza con la confianza de que lograrás completar tu misión.

Recuerda que, si somos valiosos ante los ojos de Dios, debemos serlo también ante nuestros propios ojos. Descubre lo mejor de ti y hazlo brillar como nunca antes.

Recuerda que, *como te veas, te verán.*

X

Donde no hay fe, no habrá felicidad

*No todo en la vida
es de un color o de otro.
Miren, si no, el arco iris.*
PAULO COELHO

En busca de la felicidad

Estoy seguro de que tienes tu propia definición o crees saber qué es la felicidad. Para algunos es sacarse la lotería, comprar un coche, viajar o encontrar el vestido que tanto quería en barata. Quiero presentarles mi idea personal.

Cierta vez, un rey se sentía muy deprimido. Los sabios de su reino sugirieron que saldría de su depresión si usaba una camisa que perteneciese a un hombre feliz. Mensajeros del palacio salieron a recorrer el reinado para encontrar a este dichoso. Pero, por más que buscaron, no pudieron encontrar una sola persona que fuese feliz por completo. Unos poseían gran fortuna, fama y éxito, pero su salud era precaria. Otros, además de poseer todas las bendiciones y una salud envidiable, tenían graves problemas con sus hijos. Otros más, que habían sido bendecidos con buenos hijos, eran infelices en su matrimonio. Por fin, después de mucho tiempo, los mensajeros encontraron al hombre. Vivía en una cabaña humilde, a la entrada de la floresta, y parecía no carecer de nada. Tenía buena salud, amaba a su esposa, tenía hijos maravillosos y no deseaba poseer fortuna alguna. Él se consideraba un hombre feliz. Pronto, los mensajeros le preguntaron si podían llevar su camisa al rey. Sin embargo, por increíble que parezca, ¡el hombre feliz no poseía ninguna camisa!

Como en el relato, a medida que vivimos nuestros días, a medida que crecemos como resultado de nuestras propias experiencias, nos resulta más claro que la felicidad no es un bien superficial. Cómo conseguirla, conservarla y aprovecharla es todavía un misterio para nosotros. Todos buscamos día a día alcanzar la felicidad. Sin embargo, pocos son los que logran dicho objetivo. Con frecuencia enfrentamos pruebas, tribulaciones, peligros. Sabemos también, por experiencia, que no siempre la vida corre de acuerdo con nuestros planes y esperanzas. Muchas veces hay una enorme distancia entre nuestra expectativa y nuestra realidad.

Pero, sin duda, por la forma de enfrentar nuestros desafíos y dificultades, podremos sentir cuál es nuestra actitud, cuál nuestra fe y cuál es nuestra esperanza para alcanzar la felicidad buscada, ya que vivir significa enfrentar los problemas y superar los obstáculos. Una persona feliz no es aquella que está satisfecha y conforme con lo que ya ha logrado en su vida. Una persona feliz es, por el contrario, la que enfrenta obstáculos y desafíos, y tiene el valor y la sabiduría para superarlos; una persona feliz es la que cuenta sus bendiciones y no sus dificultades. Una persona feliz es la que, cuando debe enfrentar la oscuridad, no la maldice sino que enciende una vela.

No podemos escondernos en nuestros refugios y aceptar que estamos satisfechos con lo que somos. No miremos apenas hacia lo que hay de bueno en otros porque, cuando lo hacemos, dejamos de ver lo que de positivo hay dentro de nosotros. O sea, en lugar de malgastar nuestro tiempo y energías en envidiar la "felicidad" de otros, deberíamos dedicarnos a desarrollar nuestras propias capacidades. Debemos vivir con fe para revelar aquello que aún permanece escondido para, entonces sí, llegar a ser y vivir como hombres y mujeres felices.

Claro que la respuesta a la idea de felicidad cambiará de acuerdo con la etapa de la vida en que te encuentres. Lo que nos hace felices a los cinco años, no lo hace cuando tenemos quince, y lo que nos hace felices a los quince, es difícil que sea lo mismo a los cincuenta. Por tanto, mi hipótesis es que, así como hay diferentes etapas en la vida, así hay diferentes etapas en lo que se refiere a la felicidad.

Lo que me ayudó a desarrollar esta idea fue un ensayo de Judith Viorst, quien escribe libros de poesía para adultos y niños. Judith contó que su nieta de cinco años vino a pasar unos días a su casa, y que lo más emocionante de aquella visita fue cuando la bañó. Su nieta Miranda le pidió que se metiera a la tina con ella. Al rato, ambas se salpicaban, se lavaban la espalda, se echaban agua en la cabeza e hicieron todo un reguero en el baño. De repente, Miranda se reclinó contra ella, dio un suspiro de felicidad y le dijo: "Abuelita, ¿no te encanta nuestro baño?" Judith escribe:

> Ni se imaginan cuánto me encantó. Cuando yo era madre joven y tenía tres niños que bañar, un trabajo y muchas tareas en casa, bañaba a mis hijos a las carreras y, mientras los bañaba, tenía la mente en la lista de lo que debía que hacer. Pero ahora disfrutaba la experiencia. En ese momento supe cuán feliz era. Cuando era una joven mamá, con tantas responsabilidades, bañar a mis hijos era una tarea necesaria, pero no era una experiencia feliz. Ahora que soy abuela, con una nieta que me visita y no tengo otros pendientes además de disfrutar del momento, bañarme con mi nieta es un momento de increíble felicidad.

Este incidente la puso a pensar qué es lo que constituye la felicidad. Su respuesta es: depende de cuándo lo preguntes.

Recuerdo la felicidad de la juventud, con sus momentos de éxtasis y sus brillantes colores. Sin embargo, la felicidad en la etapa madura de nuestra vida es diferente. Consiste en ver a tus hijos crecer y convertirse en buenos amigos, salir bien de tu chequeo médico anual y también compartir la tina con tu nieta. ¿Acaso alguna de estas cosas estaban en tu lista de "lo que me hace feliz" cuando eras joven? ¡Por supuesto que no! ¿Quién siquiera pensaba en esas cosas entonces? Muchas cosas que solían estar en mi lista de "lo que me hace feliz", las he tachado conforme pasan los años.

Claro que eso no significa que dejemos de ser felices, incluso sin aquellas cosas de la juventud. Todavía tengo una lista de lo que me hace feliz, pero he escrito nuevas palabras para llenar los espacios vacíos. Conozco personas que insisten en vivir con sus listas del pasado y conozco personas que intentan buscar su felicidad, pero no tanto en revivir y revivir los grandes momentos del pasado, sino en anticipar los grandes momentos del futuro. Se dicen a sí mismas: "Seré feliz si... o cuando..." Para esas personas, la felicidad siempre será elusiva. Por ello te digo que debemos adecuar nuestra lista de forma que refleje las realidades de nuestra edad. Si lo hacemos, podremos descubrir formas de felicidad que eran inimaginables cuando éramos jóvenes. ¿Quién hubiera pensado que salpicar y abrazarse en la tina con una nieta podía producir tanta felicidad? Si a Judith se lo hubieran dicho cuando era más joven, no lo hubiera comprendido. Bien, para finalizar, la autora exclama: "¡Ahora discúlpenme, pero tengo que ir a trapear el piso del baño!"

Compartí esta experiencia contigo porque creo que es un magnífico ejemplo para aprender que lo que constituye la felicidad cambia con la edad. Y más importante es aprender que, en cualquier edad o etapa de tu vida, existen muchas oportunidades para ser feliz que son diferentes, pero reales. Depende de tu actitud. Busquemos entonces la felicidad en poder platicar y escucharnos; en aprender el uno del otro; en compartir tiempo y emociones; en salir a caminar, disfrutar del sol y, si los tienes, jugar con los nietos. Busquemos la felicidad en cantar, incluso si desafinamos; en bailar; en la meditación diaria; en leer un buen libro; en escuchar buena música.

Sí, la vida nos enseña que la felicidad depende de la actitud con que vivamos cada día. Depende del optimismo, de la fe con que vivas tu día. La vida nos enseña que cada etapa puede ser un tiempo de alegría y de bendición, si tan sólo sabemos reconocerlo.

Por ello, insisto: *Hay que bailar cada día, aunque sólo sea con el pensamiento, porque lo mejor está por venir.*

❧ El día más feliz ❧

Había una vez, durante una cacería, un príncipe que cayó en un pozo de arenas movedizas. Si no hubiera sido por un hombre que pasaba cerca en ese momento, lo más probable es que el príncipe hubiera muerto. El que lo salvó estaba vestido con harapos, sufría de hambre y sed, y su única posesión era el bastón de madera al cual el príncipe se había aferrado para salir de su trampa mortal.

El príncipe insistió en llevar a su mendigo salvador al palacio real, en donde lo presentó ante su padre, el rey. Éste, muy emocionado y a forma de recompensa, permitió al pobre hombre que visitara las salas donde se guardaban los tesoros reales. Durante todo un día podría andar con libertad por allí y apropiarse de lo que se le antojara. Tendría ese día para hacerse de las riquezas que cambiarían su vida.

Podemos imaginar la avidez con que este mendigo empezó a llenar sus bolsillos, y con qué rapidez comenzó a elegir entre oro y joyas. Cuando concluyó el día, al abandonar la sala del tesoro real, era uno de los hombres más ricos del reino y, en pocos días, todos los vestigios de su pobreza habían desaparecido. Se había convertido en un hombre elegante, propietario de una bella mansión, amo de muchos sirvientes. Descubrió que con sus inversiones ganaba cada vez más dinero, y llegó el momento en que no podía calcular el monto de su fortuna.

Desde el inicio de su vida como rico hacendado estableció una costumbre: en cada aniversario del fortuito acontecimiento que alteró su vida, organizaba un gigantesco banquete al cual convidaba a los más altos funcionarios del reino y sus ciudadanos más destacados. Así lo hizo durante años hasta que, con el paso del tiempo, ya nadie recordaba el motivo original de aquella fiesta anual.

En una ocasión, en medio del banquete, mientras todos comían y bebían, el dueño de la casa decidió dirigir algunas palabras a sus invitados: "Señores, permítanme hacerles una pregunta: ¿Cuál piensan ustedes que ha sido el día más feliz de mi vida?" Cada quien tenía su propia respuesta, pero todas podían resumirse en ésta: "Debe ser el día en que ofrece este banquete, cuando todos nos sentimos muy felices. ¿Cómo podría usted sentirse más afortunado?" El anfitrión sonrió. "No, señores", respondió, "están equivocados. El día más feliz y maravilloso de mi vida fue completamente distinto. Lo recuerdo como si fuera ayer. En aquella época yo era pobre, pasaba hambre y vestía harapos. No sólo no tenía criados, sino que yo mismo estaba por debajo de cualquiera de la clase servicial. No obstante, cada momento del día a que me refiero estaba lleno de alegría". Todos los presentes lo miraron sorprendidos y sin entender de qué hablaba el anfitrión. "Fue el día en que el rey me abrió las puertas de su tesoro y me permitió llevar lo que quisiera, pero sólo durante un día. Fue mi recompensa por haber salvado a su hijo. Sin importar lo que sucediese, yo sabía que no podía desperdiciar ni un minuto en ese día singular. No sufrí ni me preocupé de asunto alguno. Aquél, sin duda, fue el día más feliz de mi vida."

Esa historia me ha enseñado a pensar mucho acerca de la naturaleza de nuestro mundo. Dios nos abre las puestas de Su tesoro, que es del mundo de las buenas acciones, los sentimientos nobles, las palabras afectivas. Nos invita a que, durante el tiempo de nuestra vida, pasemos por su mundo y recojamos todo lo bueno que esté a nuestro alcance. Pero la invitación es válida sólo durante el breve lapso de nuestra existencia. Además, esta invitación, se hace extensiva a todos los seres humanos. Aquel que entiende la inmensa fortuna que aquí lo aguarda, recogerá y guardará en este breve tiempo la mayor fortuna posible, la de volverse rico a nivel espiritual, de elevarse como ser humano. Si tiene conciencia de que cada minuto es irrecuperable, tratará de que cada minuto sea una fuente de alegría en su vida.

Por desgracia, como los invitados al banquete, muchos creen que la época más feliz es la de acumular las riquezas materiales que después, queramos o no, tendremos que dejar atrás. No es menos lamentable que también invirtamos los días en la acumulación de enojos y malestares, ofensas e insultos que entristecen nuestra vida.

Como en la historia, la verdad es otra.

¿Puedes recordar cuál ha sido el día más feliz de tu vida?

✒ *La ventana* ✒

Ésta es una historia que sucedió en un hogar donde vivían ancianos y personas sin recursos, la mayoría de ellos bastante enfermos. En el último piso de este edificio había un cuarto especial porque los que habitaban allí, debido a su edad o enfermedades, no podían moverse. Cada uno de ellos vivía, literalmente, en su cama.

Una de las características de la habitación era que tenía una sola ventana frente a la cual apenas cabía una sola cama. Quien la ocupaba era un hombre simpático y alegre, un hombre a quien todos envidiaban por estar frente a la única ventana. Todas las mañanas, cuando se despertaba, él miraba a través de la ventana y relataba a sus compañeros todo lo que veía. A veces, él contaba: "Hoy llueve, pero igual el niño está camino a la escuela con su abuelito. Pero, fíjense, el paraguas se dobló y los dos quedaron empapados. Bueno, lo peor que puede pasarles es que se resfríen". Y todos reían y reían; el hombre contagiaba con su risa a todos en el cuarto y lograba que pasaran felices el tiempo.

Otra mañana, él les decía: "¡Hoy es un día radiante! El sol brilla, los niños juegan y hay una banda de música", y así hacía que todos, de alguna manera, sintieran esa música y el calor del sol. En otras ocasiones les relataba una pelea entre vecinas o acerca de una pareja que caminaba tomada de la mano.

Aquellas personas, cada una en su cama sin poder moverse, escuchaban las palabras y relatos del afortunado compañero con total atención. Él les proporcionaba placer, alegría, fantasía e imaginación. Así, entre sueños, pasaban las semanas. Por desgracia, un día falleció el buen hombre y su cama, la envidiada por todos, quedó libre. Cada uno, en silencio, rezaba para ser el elegido o elegida para ocupar el tan deseado lugar frente a la ventana. La suerte bendijo a David, otro buen hombre.

Ahora él podría contar a los otros lo que ocurría en el parque y en el mundo allá afuera. Por la noche se mudó y, con una excitación tal que no le permitió dormir, esperó la llegada del amanecer para poder ver la luz del día con sus propios ojos. Y el día llegó, pero David permaneció callado.

Sus compañeros de cuarto esperaban ansiosos. "Cuéntanos, ¿cómo está, qué ves? ¿Hay sol, llueve?" Pero David permanecía en silencio. Sus ojos estaban fijos en la ventana, hasta que, con mucha tristeza, murmuró: "¡No veo nada, no veo nada, apenas se ve un muro, un muro muy alto y sombrío! No veo nada". Los rostros de los enfermos quedaron perplejos. De súbito, aquel gran cuarto se transformó en un pequeño lugar sofocante y oscuro, repleto de tristeza.

¿Cuál es la diferencia entre estas dos personas?

El primero era un ser humano vibrante, capaz de transmitir amor y entusiasmo a sus compañeros. A pesar del muro, él conseguía ver la vida porque la amaba y, al imaginar sus relatos, contagiaba a los demás sus ganas de vivir.

El segundo era una buena persona, pero no veía más allá de su propia nariz; no tenía imaginación ni fantasía: no había poesía en su alma.

Con frecuencia estamos en contacto con estos dos tipos de personas. Es mucho más difícil encontrar a quienes aman la vida, aun con sus dificultades y momentos grises; a quienes saben emerger de la tristeza con colores vibrantes que alegran y dan fe a quienes lo rodean, además de a sí mismos.

Debemos esforzarnos y superarnos a diario para vivir como el primer hombre del relato: con sensibilidad, con paz, para poder ver más lejos que nuestra vista, tratar con imaginación de ver más allá del muro que limita nuestra realidad.

Deseo de corazón que podamos ver la poesía de la vida, sus colores más cálidos. *Porque en la vida, más que buena vista, es recomendable tener visión.*

XI

Memorias

*La vida sólo puede ser comprendida
mirando hacia atrás;
pero sólo ha de ser vivida
mirando hacia adelante.*

Søren Kierkegaard

Un niño, su papá y su bicicleta

Hay momentos en que los sentimientos y la memoria nos llenan de melancolía. Por lo general, sucede que detenemos el tiempo para evocar a nuestros seres queridos ausentes y buscamos reforzar nuestros lazos con ellos.

De alguna forma buscamos reafirmar que, con nuestras acciones, podemos dar continuidad a sus vidas. Esos momentos fundamentales de evocación sirven para recordarnos que la muerte termina una vida, pero no termina una relación.

La amarga verdad es que cada historia de amor tiene un final triste y, cuanto más grande el amor, más triste el final. A nivel simbólico, abrimos despacio aquel cofre lleno de recuerdos personales que cada uno guarda en su corazón y, con un sentimiento especial de nostalgia, comenzamos a concentrarnos en nuestra historia de amor. Quisiera ayudarte con bellísimo texto de Scott Freid titulado: "Un niño, su papá y su bicicleta". Me conmovió mucho y quiero compartirlo contigo, querido lector.

"Cuando aún era chico, mi papá me tomó de la mano, salimos de la casa y me llevó hasta la calle. Allí estaba mi bicicleta roja, con su silla tipo banana color blanco y el timbre plateado atornillado al manubrio. Cuando vi las llantas, me di cuenta de que mi papá había quitado las rueditas laterales.Me subió a la silla, me detuvo mientras mis tenis hallaban el lugar exacto dónde pisar los relucientes pedales metálicos, y empezó a empujar la bicicleta. Recuerdo que sólo perdí el equilibrio unas cuantas veces. Con su firme mano izquierda sujetaba el manubrio, y con la derecha aseguraba la parte posterior de mi silla mientras corría a mi lado y me empujaba por la calle, cuesta arriba.

"Recuerdo a ese niño. Ese niño a solas con su papá. Recuerdo el poder que sentí gracias al nuevo asfalto, suave, que corría bajo las ruedas, y la leve bajada en el centro del pavimento. Me animaba con la sonrisa en su voz, con el olor de su cercanía. Cuando llegué a la cima de la calle, me di cuenta de que mi papá ya no estaba ahí. En medio del viaje, en medio de mi alegría, se había quedado atrás y miraba cómo yo terminaba el viaje solo. '¿Por qué me soltaste?', le grité al bajarme de la bici, mientras buscaba con furia el soporte para dejarla parada. 'Te necesito aquí. ¡Te necesito para no caerme!' Se limitó a saludarme con la mano y sonrió. '¡Lo hiciste tú mismo!', me gritó. 'Ahora puedes hacerlo tú solo. Confío en ti.'

"Años después, fuera de su habitación en el hospital, yo acompañaba a mi mamá mientras lloraba. 'Ya no tengo a mi amigo. ¡Ya lo extraño!' Entré en la habitación y me incliné sobre él en la cama. Me preguntó: 'El pronóstico no es bueno, ¿verdad?' Le apreté la mano. 'No, papá. No es bueno.'

"En un segundo fui ese niño de nuevo. Ese niño a solas con su papá. Al decirle la verdad, esperaba darle permiso para ver hacia delante, para contemplar su vida con amor y gratitud increíbles, para apreciarla y valorarla, para sentirse —por un momento— vivo y presente, para llegar a la cima de la calle y que se sintiera más poderoso por la bajada en el centro del pavimento, con la sonrisa en mi voz y el olor de mi cercanía.

"Me apretó la mano. 'Scotty', dijo. '¡Oh, Scotty!' Mi madre

entró; lloraba sobre su manga. Pronto, mis hermanos y hermana rodeaban su cama. Nos quedamos allí mientras él veía en lontananza. Hablamos de los seguros, de los archivos en el cajón izquierdo, de la casa... Él continuó con la mirada fija. Nos dijo que nos quería y luego se quedó dormido.

"Una semana después de que murió mi padre, mi mamá vació por completo el refrigerador, se sentó a la mesa de la cocina y lloró. '¡Mamá, mamá! ¿Por qué no escuchaste mis oraciones? ¡Mamá, mamá! ¿Qué voy a hacer ahora?'

"Fiel a nuestra tradición, al concluir la semana de luto tras el entierro, mi familia se reunió para dar una vuelta ceremonial alrededor de la cuadra. Las hojas de los árboles, que ya se rendían a la tristeza, se juntaban a nuestros pies. El sol, que abdicaba ya su lugar en el cielo, iluminaba nuestras espaldas. La estación del cambio ya había comenzado. Cuando llegamos a la cima de la calle, me volví durante un instante y, con las palabras de mi papá en mi recuerdo, di vuelta a la esquina."

La muerte termina una vida, pero no termina una relación. En este momento, que se torna sagrado cuando recordamos, podemos ver la sonrisa en su voz y el olor de su cercanía. Es cuando nos detenemos para mirar hacia atrás y deseamos gritar: ¿Por qué me soltaste? ¡Te necesito aquí! ¡Te necesito para no caerme! ¡Ya te extraño! En medio de nuestra tristeza, en medio de nuestro dolor, podemos ver un saludo que dice: *Puedes hacerlo tú solo. Confío en ti.*

Vivir cuesta arriba, dar la vuelta a la esquina, evocar y gritar desde el alma: ¡Te necesito para no caerme! Y la sonrisa que nos responde: ¡Ahora puedes hacerlo tú solo! ¡Confío en ti!

Entonces, más confiados, damos la vuelta a la esquina, con el permiso para ver hacia adelante. Sabemos que ellos nos observan y nos animan con la sonrisa en su voz y con el olor de su cercanía. Llorar es nuestro dolor, el silencio es nuestro coraje, y el recuerdo, la memoria: es nuestra vida.

❧ *Memorias* ❧

Había una vez un rey que poseía todos los poderes y tesoros de la Tierra pero, a pesar de ello, no era feliz y la melancolía lo invadía cada vez más. Un día, el rey llamó a su cocinero preferido y le dijo: –Tú has cocinado muy bien para mí y has traído a mi mesa los mejores manjares, por lo que te estoy agradecido. Ahora quiero que me des una última prueba de tu arte: debes prepararme una crepa de fresas igual a la que saboreé hace cincuenta años, en mi infancia. En aquel tiempo, mi padre había perdido la guerra contra el rey vecino y tuvimos que huir; viajamos día y noche a través de la floresta, donde nos perdimos. Estábamos hambrientos y cansadísimos. Llegamos hasta una cabaña donde vivía una anciana, quien nos recibió con generosidad y nos preparó una crepa de fresas. Cuando la comí, estaba maravillado: la crepa era deliciosa y me trajo nuevas esperanzas. En esa época, yo era un niño y no le di importancia a lo sucedido. Más tarde, después de ser coronado rey, recordé a la anciana. Intenté localizarla por todo el reino, pero fue en vano. Ahora quiero que tú atiendas mi deseo: prepara una crepa igual a aquélla. Si lo consigues, yo te daré oro y te haré un hombre de fortuna. Pero, si no lo haces, será el fin de tus días".

Entonces, el cocinero habló: –Mi señor, puede llamar al verdugo de inmediato. Es verdad que conozco todos los secretos de la preparación de la crepa y sé utilizar todos los condimentos. Jamás el resultado será el mismo. Mi crepa, su majestad, no tendrá aquellos condimentos que le dejaron una impresión inolvidable. No tendrá el sabor picante del peligro, la emoción de la fuga; no será comida con el sentido alerta del perseguido ni tendrá la dulzura inesperada de la hospitalidad calurosa y del reposo tan deseado. No tendrá el sabor del presente extraño y del futuro incierto.

Así habló el cocinero.

El rey bajó la mirada, guardó silencio y reconoció la sabiduría del hombre.

Siempre pienso que nosotros somos, en muchos momentos de nuestra vida, como el rey de la historia. Vivimos con la mirada melancólica dirigida hacia el pasado y queremos "saborear" aquellos días como los más significativos de nuestra vida.

¿Acaso no pensamos que podremos repetir aquellos momentos con la misma intensidad con que los vivimos la primera vez? Luego, una profunda tristeza nos invade y nos desanimamos. Sobre todo, es una sensación que sentimos en las fechas especiales de nuestro calendario, aunque no de manera exclusiva.

¿Por qué esa necesidad de revivir el pasado?

¿Debemos permitir que el recuerdo del pasado nos domine y dirija nuestras vidas? Confieso que también yo he tenido muchas veces esta sensación. Por un lado, he querido revivir experiencias o momentos significativos de mi vida y, por otro, sé que no es posible, como sé también que esos momentos jamás tendrían el mismo sabor.

Algunas personas cortan con el pasado y sólo se preocupan por el mañana. Otras viven atadas a su pasado con tanta intensidad que no consiguen vivir el hoy y, mucho menos, el mañana. ¿Cuál es la medida, la actitud correcta?

Dicen que entregarse al recuerdo es señal de vejez. No lo crean. Todos, sin importar nuestra edad cronológica, miramos al pasado.

¿Y qué valor encontramos en ese pasado? Las anclas de nuestra existencia. Cosas simples, pero recuerdos poderosos. Una imagen de la infancia, el hogar, la familia. Una melodía que alguna vez escuchamos, el aroma de aquel plato especial que con tanto amor nos preparaban. Cada uno de estos recuerdos es una historia en sí misma. Cada una de esas historias es el relato de nuestra propia vida. Por ello creo que sería un error levantar esas anclas existenciales.

Recuerdo aquella bella parábola sobre un viajante que cargaba una bolsa cuyo contenido era todo lo que le había sucedido. Siempre que llegaba a una nueva ciudad, el viajante abría su bolsa y buscaba algo que pudiera serle útil; por lo general encontraba lo que buscaba. Y no sólo eso. También agregaba cosas y nunca dejaba de acumularlas. Con lo que tenía guardado en su bolsa, sumado a lo que agregaba, él conseguía comprender mejor las situaciones que debía enfrentar. Al mezclar con cuidado lo que poseía y sumar lo que aprendía, conseguía avanzar por el camino de su vida. En su bolsa había tantas tristezas como alegrías, tantas desilusiones como éxitos, tantos problemas como soluciones. Al cargar su bolsa, ésta le recordaba todas sus experiencias.

Cada uno de nosotros es un viajero. Viajamos con recuerdos que son anclas de nuestra propia existencia. Mi deseo es que podamos enriquecer nuestras vidas con nuestros recuerdos: con sueños que se convierten en realidad y que nos estimulan a vivir un mañana pleno.

Que aprendamos a vivir no en el pasado, sino que sepamos utilizarlo con inteligencia para construir un futuro pleno de recuerdos estimulantes. Que logremos ser arquitectos de nuestro futuro y no prisioneros de nuestro pasado.

XII

Caminar juntos

¿Qué tan buen padre eres?

Quisiera transmitirte algo personal. Y quiero hacerlo porque, desde hace varios meses, el tema ha dado vueltas en mi cabeza. Créeme, me fue muy difícil escribir esto mientras me preguntaba si podría compartirlo con otras personas.

El pensamiento surgió de repente, meses atrás, cuando estaba en Buenos Aires y –como lo hago cada vez que me encuentro allí– fui al panteón a visitar a mis padres, en bendita memoria. En el silencio del lugar donde las preguntas del alma se hacen escuchar, visité primero a mi mamá y luego a mi papá. Mi papá y yo. Mi viejo, como le decía con respeto y cariño.

En el recuerdo y la evocación que acostumbra crear ese paraje, me surgió una pregunta que no pude reprimir: "Viejo, ¿cómo crees que fuiste como padre?" Lo imaginé sonreír y responderme: "¿Y tú, qué tan buen padre eres con tus hijos?"

Parece simple de responderse, ¿verdad? Frente a las innumerables imágenes y sensaciones que pasaban por mi mente, pude revivir momentos congelados por el tiempo, por el orgullo, por la necedad o por la inmadurez.

¿Cómo eres tú como padre? ¿Qué tan padre eres tú con tus hijos?

El tiempo que pasó, el padre que ya no está, el niño que

creció y se hizo padre, el padre que observa ahora a sus propios hijos con el temor de responder a sus propias preguntas.

Si me lo permites, quisiera dirigirme a los padres y a los hijos. Al padre y a la madre, a la hija y al hijo que hay en cada uno de nosotros. Lo hago como si fuera un momento para recordar y prometer, para perdonar y abrazar, para entender y vivir. Lo hago porque cada día es el tiempo de reencuentro, de ver la vida en una dimensión mayor y más profunda que el simple aquí y ahora.

Lo hago porque es un tema que trato con mucha frecuencia en mi oficina. Lo hago como un puente entre mi padre que no está y mis hijos que me observan. Lo hago con ustedes, que son mi familia, y lo hago porque ustedes también son padres e hijos, algunos bendecidos con la presencia física, otros que sienten la ausencia. Lo hago porque, con frecuencia, padres e hijos descubren que les resulta tan difícil compartir palabras de amor como les resulta difícil compartir sentimientos.

Alguna vez leí que el profesor Leo Buscaglia asigna a sus alumnos la siguiente tarea: "La póxima vez que vayan a su casa, abracen a su padre y díganle cuánto lo quieren". La mayoría de sus estudiantes responde: "No podemos hacer eso. Se moriría si lo abrazara". Cuando los alumnos reportan sus resultados, es sorprendente la experiencia tan fuerte y positiva que ha sido para ellos. "No podía creerlo. Mi papá se puso a llorar", cuenta un muchacho. "Fue extraño. Mi padre me agradeció el abrazo", dijo otro estudiante. La mayoría de los padres se sintieron conmovidos por la experiencia y felices por haber tenido la oportunidad de tocar a sus hijos.

Pero los padres tocan a sus hijos cada vez menos. Cuando yo era niño, era razonable esperar crecer con el padre. Hoy, vivir con un padre ausente se ha convertido en una característica que define la niñez de muchas personas. ¿De qué sirve tener sus fotografías en la oficina o cargarlas en la billetera, si nos hemos convertido en desconocidos para ellos?

¿Qué significa ser padre? ¿Por qué tantos de nosotros no logramos convertirnos en los padres o en los hijos que quisiéramos ser?

Para tratar de responder, quisiera contarles una historia que leemos de la Biblia y que habla acerca de una familia y de la prueba que debe superar. El nombre del hijo es Isaac. El de su padre es Abraham. El de la madre es Sara. Un padre o una madre, un hijo o una hija. Una familia. La Biblia se dirige a cada uno de nosotros.

Dios le ordena a Abraham que tome a su hijo para ofrecerlo como sacrificio. Así es como Abraham toma a Isaac y, acompañados por un pequeño grupo de sirvientes, sale al desierto a seguir el eco de la voz de Dios. En la montaña, Abraham toma la madera para el fuego y la carga sobre la espalda de su hijo. Luego, toma la piedra para encender el fuego y, al final, coge el cuchillo.

Y los dos caminaron juntos. Padre e hijo.

Papá, ¿tú y yo hemos caminado juntos alguna vez?

¿Recuerdas la última vez que lo hicimos?

Abraham quería encontrar las palabras para explicarle al hijo su confusión y sorpresa. ¿Por qué el Dios que le había dado un hijo exigía este sacrificio ahora? E Isaac... Él apenas era un niño. Quería abrazar a su padre. Quería decirle que era el hombre más importante que había conocido y que lo amaba. Quería decirle estas cosas a su padre, mas no lo hizo. Ninguno de los dos podía encontrar las palabras.

Papá, ¿cuándo fue la última vez que tú y yo platicamos?

Así que, por el momento, caminaron juntos y en silencio. Durante miles de años, padres e hijos han caminado juntos a la espera de encontrar las palabras para hablarse, para contarse cosas importantes. Eso es lo primero que un padre hace con su hijo.

El mismo Leo Buscaglia cuenta la historia de la última vez

que él y su padre caminaron juntos con la esperanza de poder hablar. Buscaglia escribe: "Caminábamos juntos por la arena, junto al océano. Él se veía viejo y cansado, y su andar fluido se había convertido en un lento y doloroso cojeo. Tuve el impulso incontrolable de detenerme ahí mismo, tomarlo en mis brazos y abrazarlo. Pero papá me evitó el problema. Se detuvo y extendió sus brazos hacia mí, me abrazó y pronunció justo los pensamientos que yo quería expresar. "No estés triste", me dijo", "hemos tenido una buena vida juntos."

Y los dos caminaron juntos. Padre e hijo.

Entonces Isaac inicia la conversación con su padre. Le dice: "Papá. Mi padre". En realidad quería decirle: "Tú eres mi padre. Estoy confundido. Abrázame y dime que todo está bien".

Pa, aún recuerdo la sensación de tus brazos como el lugar más seguro cuando buscaba refugio. Recuerdo tus abrazos como la mayor seguridad que podía existir. Y tu sonrisa y tu estar por mí.

Ésta es la segunda enseñanza de la Biblia: que un padre debe darle a su hijo confianza y seguridad en un mundo inseguro y, con frecuencia, cruel.

Ante el temor de Isaac, Abraham le responde: "Hijo mío, aquí estoy. Soy tu padre y tú eres mi hijo. Te amo y te protegeré de todos los que quieran hacerte daño. Trabajaré para darte las cosas de la vida que un hijo necesita para llegar a ser una persona de bien. Estaré ahí cuando me necesites en tu vida. No te preocupes, estoy aquí para ti, mi hijo. Hijo mío, aquí estoy".

¿Podemos nosotros responder "aquí estoy" a nuestros hijos cuando necesiten escucharlo? ¿Podrás estar presente cuando tu hijo necesite que lo estés? Un padre tiene que estar presente para su hijo, y un hijo debe estar presente para su padre.

En realidad no existe eso que ahora llaman "tiempo de calidad". Sólo hay cantidades de tiempo en las que podemos crear momentos de calidad.

Aquí estoy. Gracias, papá, por el tiempo que, aunque demasiado corto, fue muy intenso. Tan intenso que tu "aquí estoy" todavía es tiempo presente.

El relato finaliza… "Y los dos caminaron juntos". Uno escucha la voz de Dios, sordo ante el silencioso llanto de su hijo. El otro, era aún demasiado joven para comprender.

Después de que todo ha terminado, después de que Abraham ha desatado a Isaac, ambos se miran de frente. Entre ellos, un hiriente silencio que ya no vuelve a romperse. Puede ser que el hijo se haya dicho a sí mismo: "No puedo comprender a mi padre. ¿Qué es esto? ¿Qué es lo que me has hecho?" Y puede ser que Abraham se haya dicho a sí mismo: "Mis intenciones eran buenas. Sé que dejé de ser tu padre en el momento en que tomé ese cuchillo, pero lo hice por Dios. ¿Puedes perdonarme, hijo?"

La Biblia no vuelve a registrar ninguna conversación entre ellos. Nunca vuelven a decirse nada de importancia. Eso la convierte en una historia muy triste, porque es la historia de un hombre que, lleno de amor por su hijo, tal vez falló en la última y más importante prueba de su vida: la prueba de ser padre.

Aprendamos que ser padre es una tarea sagrada. Debemos ser padres de nuestros hijos, y tenemos que caminar a su lado con la esperanza de crear un diálogo continuo. Aprendamos que debemos responder y que, cuando lo hacemos, significa estar presente de manera incondicional. Significa que estamos para hacerles sentir nuestro abrazo y transmitirles confianza y seguridad.

Por último, aprendamos que en la vida hay cosas opuestas que demandan nuestro tiempo, atención y decisión. Nada tan dramático como lo que le sucedió a Abraham, pero que no deja de ser un desafío para cada padre.

Intenten abrazarse, reír y romper el silencio. Les deseo y les pido que vivan con tal intensidad de presencia y sentimientos que mañana, y cada día, sus hijos, nuestros hijos, al recordar su vida con nosotros, puedan decir: "Siempre caminamos juntos. Hablamos, nos abrazamos, nos reímos y tuvimos una buena vida juntos".

Padres, hijos, familias... Si así lo hacemos, no habrá por qué estar tristes.

Caminemos juntos: padres e hijos.

El tazón de madera

La madre se esforzó mucho por enseñar a su hijo de cuatro años modales correctos para sentarse a la mesa. Sin embargo, el abuelo del niño se comportaba de manera un tanto vergonzosa y, a su vez, era mal ejemplo. El abuelo sorbía su sopa y hacía mucho ruido. Sus rugosas manos temblaban sin control. Sus dedos artríticos a duras penas podían manipular los cubiertos. Durante la cena de la otra noche, tiró de un codazo un platón de sopa de la mesa, y esparció sopa y pedazos de vidrio sobre la alfombra nueva. La señora decidió que lo mejor sería que su padre comiera solo. Compró un tazón hondo de madera, que no se rompería si caía al suelo, e hizo que el abuelo comiera en la cocina para que la familia pudiera comer sin ninguna molestia en el comedor. Este nuevo arreglo impresionó al niño.

Una tarde, la mamá encontró a su hijito ocupado en formar medias lunas de plastilina. Alegre, preguntó: "¿Qué haces, hijo?" "Tazones de madera, mamá." "¡Qué lindo! ¿Y qué vas a hacer con ellos?" El niño la miró con sus inocentes ojos azules y le dijo: "Son para ti y papi, para que, cuando sean viejitos como el abuelo y tengan que sentarse en la cocina, tengan tazones de madera para comer".

Un padre y una madre pueden mantener a diez hijos y satisfacer sus necesidades y caprichos. Diez hijos encontrarán casi imposible tolerar las idiosincrasias de un padre. En la tradición judaica hay una expresión popular que lo ilustra con claridad: "Cuando un padre ayuda a su hijo, ambos ríen. Cuando un hijo debe ayudar a su padre, ambos lloran".

La diferencia entre el amor paternal y el de los hijos hacia sus padres se ilustra de manera poderosa en un comentario de la historia bíblica de José y sus hermanos.

José ordenó a su mayordomo que escondiera la copa real en el saco de Benjamín, y luego acusó a sus hermanos de haberla robado y les preguntó: "¿Qué es lo que habéis hecho?" José exige que Benjamín, en cuyo saco se encontró la copa, se quede en Egipto como su siervo personal y permite que los demás partan. Los hermanos están atónitos. No saben que el primer ministro egipcio no es otro que José, su hermano, a quien vendieron hace años a una caravana de comerciantes de esclavos. Judá está aterrorizado. Había dado su palabra de que se encargaría de que Benjamín volviera a salvo. "Si no", había prometido a su padre, Jacob, "seré condenado ante ti para siempre". ¿Qué le dirá a su anciano padre? Judá le ruega a José: "Permíteme ser tu siervo en lugar de Benjamín. ¿Cómo puedo volver a mi hogar sin el muchacho? Eso destrozaría a mi padre". Benjamín era el hijo menor de Jacob. Seguro que tenía una estrecha relación con su padre. ¿Por qué Judá no utilizó el argumento de que Benjamín sufriría si era obligado a separarse de su padre?

Porque no es lo mismo. Por lo general, los hijos, una vez que han crecido, pueden tolerar una larga separación de sus padres, incluso una separación permanente, y continuar con sus vidas. Pero no es así con los padres. Existe una ansiedad por estar conectados, por estar cerca. Hay una mayor necesidad de una visita, de una llamada.

La Biblia ordena a los hijos a honrar a sus padres. No hay ningún mandamiento que ordene a los padres a amar a sus hijos. Los padres no requieren de dichas órdenes. Aman a sus hijos de forma instintiva, y hasta que la muerte los separe.

Si acaso existe un premio por honrar a los padres o por cumplir alguno de los Mandamientos, es algo que puede debatirse. Pero podemos estar seguros de que, cuando los hijos ven que sus abuelos son tratados con respeto, aprenden por medio del ejemplo a respetar a sus padres.

Si esos padres tienen la dicha de llegar a la vejez, les aseguro que no serán enviados a la cocina a comer solos en tazones de madera.

Si tienes la fortuna de tener padres o abuelos, recuerda este texto cada día. Porque así como honremos a nuestros padres, nos honrarán nuestros hijos. La idea está ilustrada de forma muy bella en este poema que fue escrito por alguien que fue niño. Es un mensaje que todo adulto debería leer, porque los niños te miran, y harán lo que tú hagas, no lo que tú digas.

Cuando creías que no miraba, te vi colgar mi primera pintura en el refrigerador; de inmediato quise pintar otra.

Cuando creías que no miraba, te vi alimentar a un gato sin hogar y aprendí que es bueno ser gentil con los animales.

Cuando creías que no miraba, te vi hornear mi pastel favorito y aprendí que las pequeñas cosas pueden ser las más especiales en la vida.

Cuando creías que no miraba, te oí decir una oración y supe que había un Dios a quien siempre podía hablarle, y aprendí a confiar en Él.

Cuando creías que no miraba, te vi cocinar un platillo y llevarlo a un amigo enfermo, y aprendí que todos debemos ayudar y cuidarnos los unos a los otros.

Cuando creías que no miraba, te vi dar tu tiempo y tu dinero para ayudar a quienes no tienen nada, y aprendí que aquellos que tienen algo, deben dar a los demás.

Cuando creías que no miraba, te vi hacerte cargo de la casa y de todos los que vivimos en ella, y aprendí que debemos cuidar lo que se nos ha dado.

Cuando creías que no miraba, vi cómo manejabas tus responsabilidades, aun cuando no te sentías bien, y aprendí que tenía que ser responsable cuando creciera.

Cuando creías que no miraba, vi lágrimas brotar de tus ojos y aprendí que algunas cosas duelen, y que está bien llorar.

Cuando creías que no miraba, vi que yo te importaba, y quise ser todo lo que pudiera llegar a ser.

Cuando creías que no miraba, aprendí casi todas las lecciones de

*la vida que necesito saber para ser una persona buena y productiva
cuando crezca.*

*Cuando creías que no miraba, te miré y quise decirte: "Gracias por
todas las cosas que he visto, cuando creías que no miraba".*

Así como tratemos a nuestros padres, así lo harán nuestros
hijos con nosotros.

❧ El nudo ❧

En una junta de padres de familia en una escuela, la directora resaltaba el apoyo que los padres deben darle a sus hijos y les pidió también que se hicieran presentes el mayor tiempo posible. Ella entendía que, aunque la mayoría trabajaba, debía encontrar tiempo para sus niños. La directora se sorprendió cuando uno de los padres se levantó y explicó, en forma humilde, que él no tenía tiempo durante la semana porque, cuando salía al trabajo, era muy temprano y su hijo todavía dormía, y cuando regresaba, era muy tarde y el niño ya no estaba despierto. Explicó que tenía que trabajar de esa forma para proveer el sustento de la familia y comentó también que carecer de tiempo para su hijo lo angustiaba mucho, por tanto, cuando llegaba a casa, cada noche intentaba redimirse y lo besaba. Además, para que su hijo supiera de su presencia, él hacía un nudo en la punta de la sábana que lo cubría. Cuando el hijo despertaba y veía el nudo, sabía que su papá había estado allí y lo había besado. El nudo era el medio de comunicación entre ellos. Era una prueba de amor. La directora se emocionó con aquella singular historia y se sorprendió más cuando constató que ese niño era uno de los mejores alumnos de la escuela.

Esto nos hace pensar sobre las muchas formas en que las personas pueden hacerse presentes y comunicarse con otros. Aquel padre encontró una forma, simple y eficiente, con la que su hijo percibía su presencia y sus sentimientos. Detalles tan simples como un beso y un nudo en la punta de una sábana significaban, para aquel hijo, muchísimo más que dinero, muchos regalos, disculpas o palabras vacías.

Pensé en una de las más conocidas historias de la Biblia que cuenta que el patriarca Jacob amaba a José más que a sus otros hijos. Lo llenó de regalos especiales, como su manto de colores; lo liberó de muchas tareas, alimentó su ego y no supo ponerle límites, en especial cuando José hablaba mal sobre sus hermanos o cuando se daba grandes aires ante ellos.

La verdad es que somos nosotros, los adultos, quienes debemos modelar las virtudes, habilidades y conocimientos que queremos ver en nuestros hijos. Jacob fue la fuente de los problemas de su hijo con su sobreprotección y excesos. Me parece que muchos padres cometen el mismo error de Jacob. Creen que, al sobreproteger a sus hijos, aseguran que crecerán hasta convertirse en magníficos y exitosos seres humanos. Y luego, ellos mismos se sorprenden cuando esos hijos resultan ser inmaduros, egocéntricos y malagradecidos. Y son estos mismos padres, por desgracia, los que rara vez se dan cuenta de que, en gran medida, fueron los responsables. Quieren que sus hijos tengan todo lo que muchos de nosotros, por la historia de nuestras vidas familiares, no pudimos tener. Seríamos más sabios si diéramos a nuestros hijos más de lo que sí tuvimos, y nos preocupáramos menos por lo que *no* tuvimos.

Hoy, los padres educan a sus hijos más preocupados por una medida cuantitativa que poco o nada tiene que ver con la calidad como seres humanos. Hoy, las palabras clave son más y más grande, y no mejor y más noble.

Cuando Jacob era joven, tuvo una vida difícil. Tuvo que huir de su casa. Era tan pobre que tuvo que utilizar una piedra como almohada. Pero cuando soñó, tuvo la visión de una escalera que conectaba la tierra con el cielo. Pero José, su hijo favorito, el sobreprotegido, sólo sueña que él es el centro del mundo.

¿No es este ejemplo una lección de vida? Porque, ¿quién no quiere ser el mejor padre o la mejor madre del mundo? Sin embargo, alimentamos a nuestros hijos con cantidades y no cualidades, y los transformamos en la versión moderna de José: eternos adolescentes insatisfechos con la historia de sus propias vidas.

Sé que, a estas alturas, el "sindicato de jóvenes" protestará contra mi mensaje. Pero créeme que lo que hoy escribo es por su propio bien; de lo contrario, les será más difícil crecer, más difícil tener ese maravilloso sentimiento de satisfacción de lograr algo por su propio esfuerzo.

Nosotros deberíamos dejar de preocuparnos por darles todas las cosas que nosotros no tuvimos. Tal vez deberíamos reexaminar nuestra propia niñez o adolescencia. Al hacerlo, deberíamos tratar de recobrar algunas de las cosas que sí tuvimos, y entonces transmitirlas a nuestros hijos para ayudarles a crecer y realizarse. Deberíamos aprender que *esperar demasiado poco de ellos puede ser tan destructivo como esperar demasiado.*

Mientras, asegurémonos de que, cada mañana, cuando nuestros hijos despierten, como prueba de nuestro amor, en lugar del exclusivo manto de colores que poseía José, encuentren un nudo en la punta de su sábana.

XIII

Poder estar a solas

Todos encontrarían su propia vida
mucho más interesante
si dejaran de compararla con la de los demás.
HENRY FONDA

XIII

℘ *Poder estar a solas* ℘

Conectarnos de inmediato.

Muchos pretenden vivir de esa manera. Yo pienso que, de la misma forma en que un atleta debe prepararse antes de comenzar sus ejercicios o uno debe preparase para escuchar un concierto, debemos prepararnos para lograr mayor espiritualidad. No podemos saltar del mundo exterior al mundo interior sin prepararnos. Por ello, no debería sorprendernos que nuestro espíritu seadébil.

Lo masivo frente a lo individual.

La sociedad nos vuelve anónimos, perdemos nuestra identidad, confundimos los valores, somos como otros nos definen. Nunca tenemos tiempo suficiente. Vivimos y postergamos. Por ello, no debería sorprendernos que nuestro espíritu sea débil. Por todo ello es que también pienso que, hoy más que nunca, deberíamos desarrollar el arte de poder estar con nosotros mismos.

Hace varios siglos, el maestro, Najman de Bratzlav escribió a sus discípulos acerca de cómo debemos vivir. En su mensaje, él insiste en que cada persona debe estar a solas, cada día, algunos minutos. Cuando algunos le respondían, como también yo lo escucho, "no tengo tiempo", "no puedo hacerlo", Najman les respondía: "Aquel que no consigue estar a solas consigo mismo, debe ser una compañía muy pobre para otros".

Sé que esto no es fácil. Somos educados para la acción. Somos parte de una sociedad presionada, ruidosa, acelerada, donde cada invento tecnológico nos hace más dependientes que independientes. Eso no es sano para nuestra alma.

Verdad es también que tenemos miedo al silencio, tememos estar a solas con nuestros pensamientos. Por eso tenemos música en los consultorios, radio encendido en el coche, teléfonos celulares y *localizadores*, porque confundimos la soledad con estar solos. Claro, si alguien llama a mi oficina y mi secretaria responde que "el rabino está ocupado en atender a otra persona", podría entenderlo. Pero si mi secretaria le respondiese: "en este momento el rabino no puede atenderlo porque está en comunicación consigo mismo", o "el rabino Marcelo se escucha a sí mismo", lo mínimo que pensaría sería: "pobrecito, bien que lo notaba medio raro".

Hasta que una vez pensé: si cada día yo dedico tiempo a hablar con tantas personas, ¿por qué no puedo dedicar algunos minutos diarios para hablar conmigo mismo, para evaluar mi día? Si no lo hacemos, ¿no seremos una pobre compañía para otros? Si evitamos darnos la oportunidad para detenernos a meditar, sentir y respirar, te pregunto: ¿qué tipo de vida vivimos?

Por ello, insisto: necesitamos momentos de soledad en nuestra vida.

En un mundo donde hay tantos cursos de comunicación y oratoria, debemos aprender a recuperar el silencio. En un mundo invadido por tantos ruidos, debemos recuperar la habilidad de aprender a escuchar los sonidos del silencio. En un mundo que exige nuestra máxima velocidad, debemos aprender a detenernos y vernos a nosotros mismos. Debemos darnos esta oportunidad; debemos hacerlo para ser capaces de reconocer nuestro semblante, nuestra voz, y redescubrir nuestra alma.

En palabras del profeta Isaías: "En la calma y en la quietud encontrarás tu salvación, y en la serenidad encontrarás tu fuerza".

Porque aquel que no consigue estar a solas consigo mismo, debe ser una compañía muy pobre para otros.

❧ *Desconectarse* ❧

Tengo una duda. ¿Acaso será que soy yo, o es el mundo que se volvió loco? Antes que me respondas, quiero explicarte a qué me refiero. Habrás notado que hay cierto fenómeno que ha invadido nuestra sociedad y que, desde mi humilde punto de vista, ha provocado un verdadero trastorno.

Estoy dentro de un elevador cuando el hombre que está junto a mí comienza a hablar solito. El hombre me parece normal, así que no puedo más que asumir que, si escucha voces, éstas han de ser reales. Pero miro alrededor y sólo estamos nosotros dos, y yo no he hablado. Luego descubro que tiene un audífono conectado a un teléfono en su cinturón. Otros caminan y hablan solitos por la calle con un aparato colgado de la oreja al que sólo le falta una antena en la cabeza. Estoy en un semáforo y, en el coche junto al mío, una mujer habla solita y se mira al espejo. Luego descubro que hay un pequeño micrófono en el retrovisor. El otro día leí que la policía de una ciudad europea multó a un conductor por manejar con los codos, mientras sostenía un celular en cada mano. Estoy en un vuelo internacional y, a los quince minutos de vuelo, observo cómo mi vecino introduce su tarjeta de crédito en el respaldo del asiento de enfrente, y llama a su oficina para saber si tiene algún recado y dejarle instrucciones a su secretaria.

Hoy hay personas que están disponibles y pendientes de un teléfono celular a cada instante, excepto al despegar, aterrizar y dentro de túneles largos. Esto es porque el mundo se ha transformado en una red interconectada, en una gran exageración de tecnología de tonos, de tal manera que las propias personas se han transformado en oficinas ambulantes. ¿Creen que exagero?

Observen cómo la gente lleva su teléfono celular encendido al gimnasio o al restaurante, donde ya he observado gente que conversa de mesa a mesa. También en el cementerio o en la iglesia. (¿Tal vez porque creen que Dios responderá de inmediato a sus plegarias?) Creo que son pocos los lugares que escapan a la invasión.

A esta altura está claro que soy *telefonocelularfóbico* porque creo que uno de los grandes placeres de la vida es tener momentos para estar fuera de contacto con el mundo. Creo que es importante tener momentos de aislamiento para poder escuchar nuestra propia voz. Y soy *telefonocelularfóbico* porque creo que hemos llegado demasiado lejos.

Si durante años hemos tratado de vivir con el eslogan "mantente comunicado", creo que ahora quizá necesitemos promover uno nuevo. Propongo: "déjame preservar mi privacidad".

¿Por qué esta queja? No porque quiera volver al pasado. En realidad se me ocurrió esta protesta al estudiar la Biblia; para ser más preciso, el relato de la creación del mundo que culmina con el mayor regalo de Dios al hombre: el día de descanso. Un día para pensar en el significado y propósito de nuestra forma de vida. Una reunión semanal con nosotros mismos. Un día para evaluar si no hemos sido transformados en esclavos de lo que creíamos que sería nuestro medio de mayor libertad.

El fascinante pero invasivo mundo inalámbrico nos da tiempo para todo, excepto para reflexionar. El celular requiere que, por lo menos una vez por semana, pongas a recargar su batería. Mientras recargaba el mío, pensé si acaso nosotros no deberíamos cargar la batería personal.

Entonces se me ocurrió que podríamos lanzar una campaña para hacer que un día por semana, de la misma manera que Dios descansó de Su creación, así como recargamos la batería de nuestro celular, así nosotros debamos descansar de nuestro teléfono y escapar de su control.

Será el *Shabbat*, será el domingo, será el viernes, pero, un día por semana, quiero sugerirte que, cuando vayas a caminar por el parque o participes en algún culto religioso; cuando dediques algún momento para meditar; cuando vayas al cine o a un restaurante, por favor, un día por semana, dejes tus cadenas inalámbricas en casa o, por lo menos, desconéctalas.

Permítete un descanso del resto del mundo. Al menos un día a la semana debemos dejar de ser máquinas productoras o gastadoras de dinero, para tratar de recuperar lo humano en nuestra existencia, para intentar renovar el alma.

¿Soy ingenuo al proponerte un día para desconectarte y prescindir de las llamadas superficiales? ¿Un día para cargar tus baterías espirituales? No lo creo.

> *Un artista no puede manejar todo el tiempo su pincel. De vez en cuando necesita interrumpir su pintura para renovar la visión del objeto cuyo significado desea expresar en el lienzo. Vivir es también un arte. No podemos absorbernos en sus pormenores técnicos y perder la consciencia del todo. El día del descanso representa aquellos momentos en que interrumpimos nuestras pinceladas para renovar nuestra visión del objeto. Hecho esto, volvemos a la pintura con una visión más clara y renovadas energías.* [*]

Decidamos instaurar esa pausa para alimentar el alma; pongamos a recargar nuestras baterías espirituales y demos a nuestra vida una perspectiva renovada. Por ese día, dejemos los celulares desconectados.

> *La solución para el mayor problema de la humanidad no será encontrada al abandonar la civilización tecnológica, sino al buscar algún grado de independencia en relación con ella.* [**]

Un día por semana intenta preservar tu privacidad. Un día por semana dedícalo a recargar tus baterías espirituales.

Es el equilibrio que el alma necesita.

---

[*] M. Kaplan.
[**] Abraham Joshua Heschel.

✑ El perico callado ✑

El vendedor de una tienda de animales domésticos convenció a su cliente de que le comprara un perico, y le aseguró que éste era especial porque hablaba.

Al día siguiente, el hombre volvió a la tienda y reclamó: "El perico que usted me vendió no abre el pico: ¡Se pasa el día sentado sin hacer nada!" "Muy raro", respondió el vendedor. "Dígame algo, ¿el perico picotea la campana?"

"¿Campana, cuál campana? No hay ninguna campana en la jaula."

"Ah", respondió el vendedor, "ése es el problema. El perico necesita tener una campanilla. ¿Acaso usted no se despierta todos los días con el despertador? ¿Y no es con ese sonido que usted se levanta para ir a trabajar? Entonces, el perico también debe tener una campanilla. Él se despierta por la mañana, toca la campana con su pico, escucha el sonido y sabe que ya es hora de que pueda empezar a hablar."

"¿Cuánto cuesta la campana?" "Cien pesos." "Bueno, me la llevo."

A la mañana siguiente, el mismo hombre vuelve a aparecer en la tienda y se queja: "Yo no entiendo a este perico, continúa mudo". Sin perder la calma, el vendedor le pregunta: "¿El perico sube por la escalerilla?" "Yo no tengo ninguna escalerilla en la jaula." "Hombre, es indispensable tener una escalerilla. ¿Usted no hace gimnasia todas las mañanas? Bueno, su perico también necesita comenzar el día con un poco de ejercicio. Picotea la campanilla, sube y baja la escalera, la sangre circula, y de ahí le vienen las ganas de hablar." "¿Y cuánto cuesta la escalerilla? ¿200 pesos? Bueno, la llevo."

Dos días después, el cliente regresa a la tienda, pero ya medio furioso. "Oiga, ya parece burla. Compre la campanilla, compre la escalerilla, y nada. El perico no habla ni una sola palabra." "¿Usted observó si él se mira en el espejo?", preguntó el vendedor. "¿Qué espejo?" "Hombre, ¿usted no se mira cada mañana en el espejo? Usted se ve a sí mismo, ve su imagen, satisface su ego. El perico también quiere hacerlo porque, cuando lo hace, él se siente bonito, se pone contento, se anima y comienza a hablar." "¿Cuánto cuesta el espejo?" "Bueno, tenemos de varios tipos, pero le recomiendo comprar el espejo sueco, porque los otros distorsionan la imagen y tal vez al perico no le guste." "¿Cuánto cuesta el espejo sueco? ¿400 pesos? Bueno, lo llevo."

Tres días después, el hombre vuelve a la tienda. Está triste y desolado. "Mi perico murió." "¿Está seguro?", preguntó el vendedor. "¡Qué tristeza! ¿El perico murió sin haber dicho siquiera una sola palabra?" "No, no fue bien así", respondió el hombre. "Un poco antes de morir, él me miró y me preguntó: 'Eh, ¿usted nunca me va a dar nada para comer?'"

Una historia muy simple y, a la vez, con un mensaje muy serio. ¿Cuántas veces le damos a nuestros hijos campanillas, escalerillas y espejos, pero dejamos de darles lo que más necesitan: alimento espiritual?

Cada día se nos recuerda que debemos honrar a nuestro padre y a nuestra madre, pero también aprendemos que es por nuestros hijos que nosotros somos padres y madres. Por tanto, tenemos respectivas responsabilidades. Como padres, soñamos con la visión de los Salmos de "ver a los hijos de nuestros hijos". Soñamos con verlos crecer con éxito y felices. Créeme que, como rabino, no he visto mayor alegría y emoción que cuando observo cómo los ojos de un padre o madre brillan en presencia de sus hijos, porque la mayoría de ellos se preocupa, quiere lo mejor y tiene la sabiduría que la propia vida les ha dado para compartirla con ellos.

Pero también la mayoría de los padres nos confundimos. Les damos lujosas campanillas, escaleras y espejos, pero olvidamos alimentarles el alma con los valores y tradiciones con las que nuestros padres alimentaron la nuestra.

¿No crees que, en lugar de alimentarlos con mensajes contradictorios, en lugar de estimularlos con campanillas, espejos y escaleras, deberíamos preocuparnos más por alimentar a nuestros hijos con principios y valores, con ideas e ideales, y que deberíamos hacerlo con nuestro propio ejemplo?

XIV

Lo mejor de ti

La vida es hermosa,
vivirla no es casualidad.

ALBERT EINSTEIN

Para soñar un mundo nuevo y una nueva vida[*]

"En el principio, la Tierra se movía y giraba, y el espíritu destructivo del hombre se desplazaba sobre la superficie de las aguas. El hombre declaró: 'Que sea mío el poder sobre la Tierra'. Así se hizo. El hombre vio que el poder era bueno; llamó sabios a quienes poseían el poder y, a los que trataban de reprimirlo, los llamó débiles. Fue la noche y fue la mañana del séptimo día.

"El hombre declaró: 'Que se haga una división entre todos los pueblos de la Tierra. Que se haga una línea divisoria o una muralla entre aquellos que me apoyan y los que están en mi contra'. Fue la noche y fue la mañana del sexto día.

"El hombre declaró: 'Reunamos todos nuestros recursos en un solo lugar y creemos instrumentos de fuerza para defendernos. Creemos un medio de comunicación que moldee las mentes de los hombres, un plano que controle sus cuerpos y banderas, y hagamos símbolos que capturen su alma'. Fue la noche y fue la mañana del quinto día.

"El hombre declaró: 'Que se haga una censura para separar

---

[1] Texto presentado en el foro Espacio 2002 de Televisa para universitarios de todo el país.

la luz de la oscuridad'. Así se hizo. Y el hombre creó dos grandes centros de censura para controlar los pensamientos de la humanidad. Uno que sólo dijera la verdad que deseaba escucharan en el exterior, y otro que sólo dijera la verdad que deseaba escucharan en su casa. Así se hizo. Fue la noche y fue la mañana del cuarto día.

"El hombre declaró: 'Creemos armas que puedan matar a millones y decenas de millones a la distancia; creemos bombas y proyectiles dirigibles y desarrollemos una guerra bacteriológica'. Así se hizo. Fue la noche y fue la mañana del tercer día.

"El hombre declaró: 'Hagamos a Dios a nuestra imagen. Digamos que Dios piensa lo que nosotros pensamos; que Dios desea lo que nosotros deseamos y que Dios ordena lo que nosotros deseamos que ordene'. Y el hombre encontró medios para matar por medio de la fuerza atómica y de la lluvia radiactiva, a los que vivían y a los que todavía no habían nacido, y dijo: 'Que se haga la voluntad de Dios'. Así se hizo. Fue la noche y fue la mañana del segundo día.

"Después, en el primer día, una gran nube cubrió toda la faz de la Tierra, el estruendo ensordecedor de un rayo retumbó en todo el universo y un fuerte llanto se escuchó por todas partes. El hombre y todos sus hechos no estaban más.

"La Tierra descansó, en el primer día, de todas las ambiciones del hombre. El universo permaneció silencioso. Ese primer día, el universo descansó de todos los actos, que, en su locura, el hombre había creado. Y ya no existió nada más. No hubo noche, no hubo mañana, no hubo más día."

Este intenso texto, de autor anónimo, nos deja frente al desafío en que nos encontramos como individuos, como sociedad. Porque despacio, o tal vez no tan despacio, tenemos la aterradora sensación de que nos encaminamos a un anti-génesis como el que el autor describe. En medio de la cacofonía que nos ensordece, en medio de la violencia que nos paraliza, en medio de la confusión de valores éticos y morales en la que debemos coexistir, la idea de soñar un mundo nuevo me parece una bella propuesta.

¿Será que rescataremos algún aprendizaje del viejo mundo? ¿Algún sentimiento? ¿Algún sueño incompleto? Y, ¿cómo será este mundo nuevo? ¿Cómo será el hombre, el ser humano? ¿Habrá justicia social, honestidad, nobleza? ¿Habrá lugar para conceptos y palabras que tanto nos lastimaron y disminuyeron como seres humanos del viejo mundo? En este nuevo mundo, ¿volveremos a discriminar por color de piel o por religión? ¿Volveremos a ser dominados por el prejuicio, por la intolerancia? ¿Cuál será el lugar de lo ético y de lo espiritual en la vida del hombre y de esa nueva sociedad? ¿Cuál será el lugar de Dios y cuál el del hombre en este nuevo mundo?

Recuerdo un texto que me impresionó mucho. Un día, el hombre fue ante Dios y le dijo: "¿Qué crees que es más difícil, ser hombre o ser Dios?" "Ser Dios es mucho más difícil", respondió Dios. "Tengo todo un mundo sobre el cual preocuparme, planetas, galaxias y todo lo que contienen. Tú no tienes más preocupación que tu trabajo y tu familia." "Es cierto", dijo el hombre, "pero Tú tienes tiempo y poder infinitos. Lo difícil no es el trabajo, sino realizarlo dentro de los límites de la vida humana." A lo que Dios respondió: "No sabes lo que dices. Ser Dios es mucho más difícil". El hombre le respondió: "No sé como puedes decirlo con tanta seguridad, cuando Tú nunca has sido humano y yo nunca he sido Dios. ¿Qué te parece si cambiamos de lugar, apenas por un instante, para que sepas qué se siente vivir como ser humano, y para que yo sepa qué se siente ser Dios? Un momento nada más y luego volvemos a como estábamos antes". Dios no quiso, pero el hombre insistió hasta que, por fin, Dios accedió y cambiaron: el hombre se volvió Dios y Dios se volvió hombre. El relato finaliza con el hecho de que, ni bien el hombre estuvo sentado en el trono divino, se negó a devolverle su lugar a

Dios. Desde entonces, el hombre ha regido al mundo y Dios ha estado exiliado, de tal forma que ni Dios ni el hombre son quienes parecen ser.

Por ello creo que es tan importante la propuesta para soñar un mundo nuevo. Al revisar la historia de la humanidad, descubriremos que el hombre ha jugado a ser Dios y ha creado confusión. También descubriremos que fue capaz de maldades inimaginables para Dios. Lamento decirte que sospecho que Dios continúa en el exilio, y que el hombre está en el lugar equivocado.

Por tanto, permíteme plantearte mi sueño. Leí que Peter Jenkins, el autor de *Walk Across America*, buscó por todo Estados Unidos el lugar perfecto para vivir. Quería alejarse del ruido, la contaminación y las preocupaciones de la vida urbana. Eligió una comunidad pequeña y tranquila: Spring Hill, Tennessee, y ahí se mudó. Muy poco tiempo después, General Motors anunció que construiría una gigantesca planta automotriz para la fabricación de un nuevo modelo. ¿Dónde? Adivinaron. En Spring Hill, Tennessee. En poco tiempo, la zona se convirtió en la de mayor crecimiento urbano. Jenkins declara que esta experiencia demuestra que uno puede huir, pero no puede esconderse. Y no sólo se trata de esconderse, si no también de creer que todo permanece inmutable.

Podemos huir, pero no podemos escondernos. Cada uno posee una chispa divina que lo obliga a lograr lo mejor de sí mismo, y ésa debe ser la primer contribución al nuevo mundo que pretendemos construir.

Hace algún tiempo conté en mi congregación acerca de una reseña sobre un hermoso libro titulado *Niño de la granja*, publicado por Archie Lieberman. Es un libro de fotografías de una familia que vive en una granja, en el norte de Illinois. En 1974, Lieberman fue a la granja para entrevistar y fotografiar a la niña que había ganado un concurso nacional de bordado, y se sintió atraído por esta familia. Le habían impresionado su sencillez, sus lazos con la tierra y sus valores tradicionales. Así fue como regresó al año siguiente para fotografiarlos de nuevo. En particular lo impresionó cómo el hijo de trece años seguía a su padre por toda la granja. Volvió cada año. Fotografió al muchacho al graduarse de la primaria, al inicio de la preparatoria, cuando salió en su primera cita, cuando se casó y cuando trajo a su esposa a vivir a la granja familiar. Fotografió el bautizo del primer hijo y cómo ese hijo crecía y daba sus primeros pasos. Fotografió a esa familia durante veinte años, hasta que produjo este libro que comienza con una escena del niño que sigue a su padre por la granja y termina con el niño de aquel niño, que sigue a su padre por la granja de la misma manera.

Lo que me impresionó es que Lieberman dedicó veinte años de su vida a la preparación del libro. ¿Pueden imaginarse la presión bajo la cual debió estar para terminarlo más rápido? ¿Pueden imaginarse la insistencia de su editor? Sin embargo, él esperó veinte años: el tiempo que le tomó al hijo tener la misma edad que el padre cuando comenzó a ser fotografiado. ¿Quién hace algo así hoy en día? ¿Quién dedicaría tanto tiempo a cualquier proyecto? Nosotros somos la generación de lo instantáneo: comida instantánea, café instantáneo, crédito instantáneo, sabiduría instantánea, amor instantáneo y divorcio instantáneo.

Lo anterior me lleva a presentarte un segundo elemento para este sueño. *La paciencia.* Yo creo que sin paciencia no podemos completar una tarea o alcanzar la plenitud de una vida. El artista lo sabe. El científico lo sabe. El músico lo sabe. Trabajan y fracasan una y otra y otra vez hasta que lo logran. No recuerdo quién dijo: "Si alguna vez dejo de practicar un solo día, yo puedo notar la diferencia. Si dejo de practicar dos días, la orquesta puede notar la diferencia. Si dejo de practicar tres días, los críticos pueden notar la diferencia. Si dejo de practicar cuatro días, el público puede notar la diferencia". Y nosotros lo sabemos. Sin embargo, vivimos con impaciencia y sin entender que la vida no funciona así.

Observa la paciencia de Dios para hacer un mundo humano. Comenzó con Adán y Eva. Les dio sólo un mandamiento, pero ellos la "regaron". Así que comenzó de nuevo con sus hijos. Le tomo diez generaciones para producir un Noé, y diez generaciones más hasta que pudo producir un Abraham. Piensa en eso; piensa en cuánta paciencia le hizo falta. Sólo se tomó seis días para crear al mundo, pero un hombre de fe... eso le tomó veinte generaciones. Yo creo que, mientras más importante sea la tarea, con más cuidado debe realizarse. Veremos los resultados poco a poco y mayor será la paciencia requerida.

Abraham Joshua Heschel, un gran teólogo y erudito judío, fue entrevistado por un canal de televisión diez días antes de morir. Él no sabía que en diez días moriría pero, al final de la transmisión, dijo algo muy profundo. Cuando el entrevistador le preguntó: "¿Hay algo que usted quiera decir a los jóvenes?", el doctor Heschel respondió: "Sí, vean su vida como a una obra de arte y trabajen en ella despacio, con constancia y con paciencia, todos los días".

Creo que éste es un mensaje importante para todos los que soñamos con un mundo nuevo. Puede ser que la mayoría de nosotros nunca escriba un libro ni componga una sinfonía o esculpa una estatua. Sin embargo, hay una obra de arte que es nuestra responsabilidad: nuestra propia vida, que debe trabajarse sin esperar resultados instantáneos, pero con constancia y, de manera especial, con paciencia.

Una última idea que quisiera compartir.

Se cuenta que un hombre partió de este mundo. Poco después, se encontró en el jardín más bello que había visto: altos árboles, flores maravillosas, fuentes, una verdadera alegría para la vista y para los oídos. En el centro del jardín había una mesa servida con los más exquisitos manjares. "Esto debe ser el paraíso", pensó. Miró entonces a las personas sentadas alrededor de la mesa: hombres y mujeres esqueléticos, rostros abatidos, ojos sin expresión, como no fuera la de hambre. Entonces percibió lo que sucedía: cada una de esas personas tenía los brazos rígidos. Ellos conseguían alcanzar el alimento, pero no lograban llevarlo hasta su boca. Por tanto, pasaban el tiempo hambrientos, a pesar de tanta abundancia. Entonces, el hombre comprendió que ese lugar no podía ser el paraíso y, de súbito, fue transportado a otro lugar. Era una réplica exacta del anterior, pero con una diferencia: las personas allí estaban bien alimentadas, sonrientes y felices. Observó que también ellas tenían los brazos rígidos y que no conseguían llevar alimento hasta su boca. La diferencia era que cada uno ayudaba a su vecino a comer. Entonces comprendió que había encontrado el verdadero paraíso.

Debemos hacer realidad este sueño de un nuevo mundo. Hemos de hacerlo de manera individual y colectiva, y buscar alcanzar la plenitud. Hemos de hacerlo por medio del esfuerzo cotidiano de superarnos a nosotros mismos. Hemos de hacerlo con constancia y sin esperar resultados instantáneos. Hemos de hacerlo con paciencia.

En especial, hemos de hacerlo con fe al tiempo que *rezamos, como si todo dependiera de Dios, y actuamos como si todo dependiera de nosotros.*

❦ El viaje en taxi ❦

Un colega me hizo llegar un relato de Elliot Pearlson que me permití abreviar para mantener su mensaje simple y, a la vez, profundamente conmovedor:

"Hace 20 años me ganaba la vida como conductor de un taxi. Cuando llegué, a las 2:30 de la mañana, el edificio estaba oscuro, con excepción de una luz solitaria en una ventana de la planta baja. En estas circunstancias, muchos conductores sólo tocan el claxon una o dos veces, esperan un minuto y se marchan. Pero yo había visto ya mucha gente pobre que dependía de los taxis como su única forma de transporte. A menos que la situación pareciera peligrosa, yo siempre iba hasta la puerta.

"'Es probable que este pasajero necesite de mi ayuda', me decía a mí mismo, así que me dirigí a la puerta y toqué. 'Un minutito', respondió una voz frágil y anciana. Oí cómo arrastraban algo por el piso. Después de un largo rato, la puerta se abrió. Una mujer de unos 80 años estaba ante mí. Vestía un traje estampado y un sombrerito con velo, como un personaje de película de los años cuarenta. Llevaba una pequeña maleta de *nylon*. El apartamento se veía como si nadie hubiera vivido ahí durante años. Todos los muebles estaban cubiertos con sábanas. No había relojes en las paredes, ni adornos ni utensilios sobre los estantes. En una esquina había una caja de cartón llena de fotografías y cristal.

"'¿Podría llevar mi maleta al auto?', me preguntó. Metí la maleta al auto y volví para ayudar a la mujer. Me tomó del brazo y caminamos despacio por la banqueta. No paraba de darme las gracias por mi gentileza. 'No es nada. Sólo trato a mis pasajeros como quisiera que trataran a mi madre', le dije. 'Usted es un muchacho muy bueno', respondió.

"Cuando estábamos en el taxi, me dio la dirección y me

pidió que tomara el camino que pasa por el centro. 'No es el camino más corto', le respondí. 'No importa. No tengo prisa. Me dirijo a un asilo de ancianos', me dijo. La miré por el espejo retrovisor. Los ojos le brillaban. 'No me queda familia y el médico dice que tampoco me queda mucho tiempo de vida.' En silencio apagué el taxímetro. Le pregunté: 'Dígame, señora, ¿por dónde quisiera usted que condujera?'.

"Durante las siguientes dos horas paseamos por toda la ciudad. Me enseñó el edificio donde había trabajado como recepcionista. Pasamos por el barrio donde ella y su esposo habían vivido de recién casados. Me hizo detenerme frente a una bodega de muebles, que antes fue un salón de fiestas donde había bailado cuando era joven. A veces me pedía que fuera más lento frente a cierto edificio o cerca de alguna esquina, se quedaba sentada y miraba hacia la oscuridad sin decir nada.

"De repente, cuando empezó a verse un destello del sol en el horizonte, me dijo: 'Estoy cansada. ¿Podríamos irnos?' Viajamos en silencio hacia la dirección que me había dado. Era un edificio bajito, como una pequeña casa de convalecencia, y con una entrada para los autos que pasaba bajo un techito. Dos enfermeros salieron hacia el taxi tan pronto llegamos. Fueron muy atentos y la cuidaron bien. Seguro que ya la esperaban. Abrí la cajuela y llevé la pequeña maleta hasta la puerta. La mujer ya estaba sentada en una silla de ruedas.

"'¿Cuánto le debo?', me preguntó, mientras abría su bolso. 'Nada', le respondí. 'Pero usted tiene que ganarse la vida', me dijo. 'Hay más pasajeros', respondí. Casi sin pensarlo, me agaché y le di un abrazo. Me sostuvo con fuerza. 'Le diste a esta anciana un momento de mucha dicha', me dijo. 'Gracias.' Le apreté la mano y me marché bajo la débil luz de la mañana. Detrás de mí se cerró una puerta. Era el sonido de una vida que concluía. No recogí más pasajeros en ese turno. Manejé sin rumbo, perdido en mis pensamientos. Durante el resto del día no pude ni hablar. ¿Qué hubiera pasado si a la mujer le hubiera tocado un chofer que estuviera de malas, o que tuviera prisa por terminar su turno? ¿Qué hubiera pasado si me hubiera negado a dar el paseo, o si hubiera tocado el claxon y me hubiera marchado? Si lo pienso, no creo que haya hecho algo más importante en toda mi vida."

Estamos condicionados a pensar que nuestra vida gira alrededor de grandes momentos. Pero los grandes momentos suelen tomarnos desprevenidos: están envueltos en lo que otros considerarían que es un pequeño momento.

Puede que la gente no recuerde con exactitud qué hiciste o qué dijiste, pero, créeme, siempre recordará cómo los hiciste sentir.

ℐ *Lo mejor de ti* ℐ

¿Alguna vez te ha sucedido que vas al médico para tu chequeo y, como crees que va a ser el examen de rutina, decides que nadie te acompañe? Te sacan sangre, te toman la radiografía, te mandan a la sala de espera, y esperas, y esperas. Por fin, pasas con el médico. Él te mira y te dice: "Creo que tienes 'x' ". No tienes ni idea de qué es pero, por la mirada del médico, percibes que no debe ser bueno, así que, cada vez más pálido y más asustado, te aferras a la silla mientras lo escuchas decirte: "Creo que es probable que estés bien, siempre y cuando sigas mis instrucciones". Entonces te echa todo un rollo sobre lo que debes hacer a partir de ahora; qué puedes comer o no, qué ejercicios debes hacer todos los días, qué medicinas debes tomar a diario, etc. Cuando termina, te da una nueva fecha para la próxima batería de exámenes que debes hacerte.

¿Te ha sucedido esto alguna vez? Si es así, sabrás que, al salir del consultorio, sientes que entras a un nuevo momento de tu vida y te preguntas, asustado: "¿Cómo voy a recordar todo lo que debo hacer? ¿Qué ocurrirá si olvido algo?"

Invadido por la ansiedad, comienzas a caminar y piensas de dónde vendrá la ayuda. Quiero escribirte el pasaje de un Salmo que te hará sentir mucho mejor y que, además, debe acompañarte a lo largo de tu viaje por la vida. Dios dice: "Yo enviaré un ángel para que los cuide en su camino".

Creo que, así como aquel ángel fue invisible, también los que Dios nos envía para protegernos y darnos valor en momentos de debilidad e inseguridad, pueden parecernos invisibles, por lo que necesitamos tener un corazón muy sabio para poder reconocerlos.

¿Cómo los reconocemos? Hay una prueba muy simple. Algunas personas nos hacen sentir mejor cuando llegan y otras nos hacen sentir mejor cuando se van. Algunas vienen a visitarnos al hospital y dicen: "¿Qué es lo que tienes? ¡Uh, conozco gente que murió de eso!", o dicen: "¿Crees que eso es malo? Deberías oír lo que yo tengo". Y te lo cuentan con detalle. Éstas son las personas que nos hacen sentir mejor… cuando se van.

También están aquellos que, cuando se van, nos dejan tranquilos, consolados, con paz interior. Son los que nos transmiten la confianza de que estaremos mejor. Son quienes pueden iluminar un lugar oscuro. Son los que nos guían y nos cuidan.

Siempre que menciono este Salmo, me surgen tres deseos para compartir: el primero es que, cuando enfrentemos un momento de temor en nuestra vida, Dios nos envíe ángeles que nos ayuden a superar la dificultad. El segundo es que Dios nos dé la sabiduría para reconocerlos y la sensibilidad para agradecerles.

Sepamos agradecer. Todos rezan la noche anterior a la operación, pero son muy pocos quienes rezan con el mismo fervor la noche después, para agradecer.

Mi tercer deseo es que, cuando nos recuperamos de nuestra dificultad y, como es natural, cuando nos recuperemos del *shock* al ver la cuenta, decidamos convertirnos nosotros, cada uno, en ángeles disfrazados para ayudar a otras personas que estén asustadas porque enfrentan situaciones nuevas por las que nunca han pasado antes.

Hay una tira cómica de *Snoopy* que me fascina. Charlie Brown y Lucy discuten sobre el significado de la vida. Lucy pregunta: "¿Por qué crees que estamos en la Tierra, Charlie Brown?" "Para hacer felices a otras personas", responde Charlie Brown. A Lucy no le gusta demasiado esa respuesta y dice: "No creo que yo haga feliz a nadie" y, tras pensarlo un poco, continúa: "Bueno, tampoco hay nadie que me haga feliz a mí…"Entonces, se indigna y grita: "¡Hay alguien que no cumple con su trabajo!"

Pero, ¿de quién es la tarea? La gente actúa como si fuera otra persona la que no hace "su" trabajo. Como si la vida les "debiera" ser felices, exitosos, o sentirse seguros y satisfechos. Parecería que podemos buscar en todas partes la solución a nuestros problemas, siempre y cuando esto no requiera vernos en un espejo.

Creo que hay un secreto que debes conocer. El secreto es que tú puedes ser un ángel. Cada uno de nosotros puede serlo... si quisiera, si se lo propusiera. Ser un ángel, un mensajero, se trata de ser un socio de Dios.

Como lo escribiera Lawrence Kushner:

> *Yo creo que cada vida es como las piezas de un rompecabezas. Para algunos hay más piezas; para otros, el rompecabezas es más difícil de armar, y otros parecen haber nacido con el rompecabezas casi ensamblado. Pero así es. Hay almas que van por aquí y almas que van por allá, y tratan de ensamblar las innumerables piezas. Pero debes saber que no tienes en tu haber todas las piezas de tu rompecabezas. Todo el mundo lleva consigo por lo menos una y, tal vez, muchas piezas del rompecabezas de alguien más. Algunas veces lo saben. Algunas veces no. Cuando muestras tu pieza, que para ti no tiene valor, para alguien más, lo sepas o no, y lo sepan los demás o no, tú eres un mensajero de lo más alto.*

Yo sí lo creo. Te cuento una historia real.

Un día, en un pequeño pueblo, un niño pobre vendía cosas de puerta en puerta para juntar dinero y poder continuar con sus estudios. Descubrió que sólo le quedaba una moneda de un peso y también tenía muchísima hambre, así que decidió que pediría de comer en la siguiente casa. Sin embargo, en el momento en que le abrieron la puerta, le dio vergüenza. En lugar de pedir de comer, pidió que le dieran agua para beber. La hermosa joven que abrió la puerta percibió con sensibilidad que el muchacho se veía hambriento, así que le trajo un enorme vaso de leche y algunas galletas. El chico se bebió despacio la leche e, inocente, dijo: "Gracias, señora, ¿cuánto le debo?" "No me debes nada. Mi madre nos enseñó que nunca debe aceptarse dinero cuando se hace algo bueno." A lo que el niño respondió: "No sabe cuánto se lo agradezco." Al alejarse de la casa, el niño Howard Kelly, no sólo se sentía más fuerte a nivel físico, sino que su fe en Dios y en la humanidad también se vio reforzada.

Años después, la señora enfermó de gravedad. Los médicos no conseguían resolver el caso y decidieron que lo mejor sería que fuera llevada a la gran ciudad, para que los especialistas estudiaran su extraña enfermedad.

Una vez internada en el hospital, su caso fue turnado al renombrado doctor Howard Kelly para que lo atendiera. Cuando escuchó el nombre del pueblo de donde la mujer provenía, sus ojos adquirieron un brillo extraño. De inmediato se levantó y caminó por el pasillo del hospital hacia la habitación. Con su bata de médico, entró y la reconoció de inmediato. Sin identificarse, volvió a su consultorio decidido a salvarle la vida. A partir de ese día, le dedicó atención especial.

Por fortuna, tras una larga lucha, logró vencer la batalla. El médico pidió a la oficina de contabilidad del hospital que le enviara la cuenta para su aprobación. La miró y escribió algo al margen de la cuenta. Cuando la mujer, de escasos recursos, recibió la cuenta, se estremeció, segura de que le tomaría el resto de su vida poder pagarla. Por fin, abrió el sobre y le llamó la atención lo que estaba escrito al margen: "Esta cuenta fue saldada por completo con un vaso de leche y algunas galletas. Firmado: Doctor Howard Kelly."

Sus ojos se llenaron de lágrimas y rezó: "Gracias Dios, porque Tu amor se ha extendido a través de los corazones y manos de los seres humanos".

Sí, todo el mundo lleva consigo por lo menos una y tal vez muchas piezas del rompecabezas de alguien más. Algunas veces lo saben. Algunas veces no.

Entonces, lo relevante es que actúes como si tus manos fueran las manos de Dios, como si tus ojos fueran los ojos de

Dios, como si tu corazón fuera el corazón de Dios.
Yo enviaré un ángel para que los cuide en su camino.
Ya sabes el secreto.
Si quieres, tú puedes serlo.

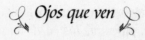 Ojos que ven

Quiero compartir una historia que ha tocado mi corazón, como espero que toque el tuyo. Jaim Luzzato comienza su maravilloso libro de ética *Mesilat Yesharim* con estas palabras:

> *Querido lector: No hay absolutamente nada nuevo en este libro, nada que no hayas leído y escuchado antes y, por consiguiente, debes leerlo todos los días, porque las cosas que leemos, oímos y vemos con más frecuencia, son a las que no les prestamos la atención que debiéramos.*

Me encanta esta cita porque nos recuerda que hay tantas bendiciones y maravillas en este mundo que hemos visto y oído tantas veces, que ya las tomamos por dadas e ignoramos lo valiosas e importantes que son.

Esto es algo que volví a aprender de Bob Edens, un hombre que nació ciego pero que, por su esfuerzo, logró recibirse en la universidad, casarse y tener una hija. Hace poco, gracias a una operación compleja, ahora puede ver. Él describe su nuevo mundo de una manera conmovedora:

> *Para mí, el amarillo es fabuloso, pero el rojo es lo máximo, aunque todavía no he visto nada que no encuentre maravilloso. Nunca hubiera soñado que el amarillo fuera así, tan amarillo. No tengo palabras con las cuales describirlo. Pero el rojo es mi color favorito. No puedo creer el rojo. Y el verde. Me fascina el pasto, pero tengo que acostumbrarme. Al ver cada hoja individual, a las aves volar por el aire y todo, es como comenzar una nueva vida. Es la cosa más sorprendente del mundo poder ver cosas que nunca pensaste que verías. Hace poco vi lo morado y lo anaranjado en la cara de un tigre. Pude ver el color de sus ojos. Ahora puedo ver la forma de la luna, y no hay cosa que me guste más que ver a un avión que vuela a través del cielo y que deja tras de sí un camino de vapor. Y, por supuesto, los amaneceres y atardeceres. No puedo esperar a levantarme cada día para ver qué puedo ver. Todavía veo la mayoría de las cosas por primera vez. En la noche veo las estrellas en el cielo y las luces brillantes de los coches en la carretera. Aprendo a leer y escribir como un niño de primero de primaria. ¡Nunca podrán saber lo maravillosa que es esta experiencia! El*

otro día vi unas abejas, y fue increíble. Y corrí tras un grupo de
gallinas. ¡Qué experiencia! Vi pasar un camión bajo la lluvia.
Salpicó agua al aire. ¿Les mencioné que vi una hoja que cayó de
un árbol y flotaba en el aire? Y el cine y la televisión ¡Todo me
resulta asombroso!

Comparto esta experiencia de Bob Edens porque nosotros que a diario vemos hojas caer, amaneceres o atardeceres, el amarillo y el rojo y, por consiguiente, ya nos han aburrido; necesitamos leerlo y hacerlo de nuevo. Necesitamos tenerlo presente para recuperar una pequeña parte del sentimiento de asombro que alguna vez dominó nuestra vida y que hoy hemos perdido.

El teólogo Abraham Joshua Heschel escribió que la actitud del hombre moderno es como el relato de aquellos ancianos que, cuando el tranvía eléctrico hizo su primera aparición en Varsovia, no podían creer a sus propios ojos. ¡Un coche que anda sin caballos! No lograban explicarse el sorprendente invento.

Cierta vez, mientras hablaban del asunto en la sinagoga, llegó un hombre que, además de estudioso, tenía reputación de entendido en cuestiones seculares, inclusive estaba subscripto a un diario. Todos se volvieron hacia él. "Sin duda, usted sabe cómo funciona ese coche." "Naturalmente", respondió. "Imaginen cuatro ruedas grandes en posición vertical en los cuatro ángulos de un cuadrado y conectadas entre sí por cables. ¿Está claro? Bien, los cables están unidos en un nudo en el centro del cuadrado, dentro de una rueda grande colocada en posición horizontal. Encima de la rueda grande hay varias otras, que van de mayor a menor, ¿está claro? Sobre la rueda más pequeña hay un tornillo diminuto conectado por un cable con el centro del coche, encima de las ruedas. El conductor aprieta el botón, el botón mueve el tornillo, el tornillo pone en movimiento las ruedas horizontales, y así el coche avanza por las calles. ¿Está claro?" "¡Ah, ahora entendemos!"

La capacidad de maravillarse frente a la historia y la naturaleza es la característica principal en la actitud del hombre religioso. Por tanto, la manera más segura de anular nuestra capacidad para comprender el significado de Dios, es tomar las cosas como obvias. Ésta es una trampa en la que cayó el hombre moderno: se convenció de que el mundo es su propia explicación.

¿Puedes recordar la emoción de la primera vez que volaste? ¿Cómo se sentía asomarse por la ventana, ver despegar el avión y alejarse de la tierra? Ése era un sentimiento especial. Ahora, observa a tu derredor cuando el avión despega. La mayoría de los pasajeros lee o dormita, como si despegar no fuera nada que valiera la pena notar.

¿Recuerdas los primeros viajes espaciales, al hombre que caminó en la Luna? Hace tiempo dejaron de ser noticias de primera plana. ¿Puedes recordar todavía el sentimiento especial de tu primera cita? Tu primer día de escuela, el nacimiento de tu hijo o de tu nieta, tu primer trabajo, tu primer salario, tu primer auto...

Sí, debemos volver a capturar algo del sentimiento de asombro, del sentimiento de emoción que hemos perdido.

Por ello, deseo que tú y yo, y todos, *veamos bien*.

Que veamos no sólo con los ojos de la costumbre, no sólo con los ojos de la rutina; también con los ojos del asombro.

En palabras de Najman de Bratzlav: "Cada día debemos vivir con ojos que ven, con oídos que escuchan y con un corazón sensible".

Tiempo para agradecer

Es, sin duda alguna, una de las palabras más sencillas en nuestro idioma: gracias.

Es de los primeros comportamientos sociales que nos enseñan. Con frecuencia, nuestros padres nos recuerdan y, si es necesario, nos obligan a decirla. De niños, antes de irnos de una fiesta de cumpleaños, nos preguntan si ya le dimos las gracias a nuestro anfitrión por habernos invitado. Con cada regalo que recibimos, nuestros padres nos preguntaban: "¿Qué se dice?", y renuentes, respondíamos "Gracias". A veces se nos obligaba a decirlo incluso si no lo sentíamos. ¿Qué caso tiene decir "gracias" si no te gustó el regalo?

Pero, muy pronto, hacerlo se convirtió en algo así como quitarse el sombrero al entrar a una habitación o dar la mano al saludar a alguien, o levantarnos para saludar a una dama. Es algo que se espera que uno haga si ha de ser considerado como alguien civilizado.

Si bien deberíamos hacerlo con sinceridad, creo que no siempre, cuando agradecemos, pensamos siquiera en lo que decimos. Para mí, el agradecimiento es más que buenos modales. Es una forma de vida. Es una perspectiva y una actitud que debería afectar todo lo que hacemos. Nos enseña la gratitud, y la gratitud nos enseña la dicha. Los seres humanos necesitamos del agradecimiento para poder vivir.

Con demasiada frecuencia creemos que nuestro éxito se debe sólo a nuestro propio talento, habilidad o ingenio. Entonces, la palabra "gracias" busca hacernos más humildes, y de recordarnos que dependemos de los demás. Que tenemos que complementarnos con otros seres humanos. Que no debemos tomar nada como dado en la vida.

Si quieres comprender lo que significa la verdadera gratitud, platica con alguien que se haya recuperado de una crisis de salud en la cual el simple funcionamiento de su cuerpo no marchó bien durante un rato.

De repente, lo que más recibimos como dado se convierte en un don precioso. ¿Por qué no habríamos de tener la misma sensación de gratitud y agradecimiento todos los días?

Creo que en el agradecimiento está la base de la responsabilidad. Con cada regalo, vienen responsabilidades nuevas. Si nuestro cuerpo es un regalo, entonces no podemos abusar de él. Si la Tierra no es nuestra, sino un préstamo divino, entonces debemos pensar con cuidado cómo la usamos y la compartimos con los demás. Porque uno no puede estar agradecido e ignorar las necesidades de los demás.

¿Por qué te menciono todo esto? Hace algún tiempo, un colega compartió vía Internet con sus amigos un texto. Me conmovió y me hizo detenerme a reflexionar sobre el tema. Es un artículo que fue publicado en el periódico *Arizona Republic*. El reportero Montini escribió:

> *El mensaje fue grabado a las 8:22 a.m. del martes 4 de agosto. La mujer habló durante 30 segundos. Sé la hora y duración de la llamada gracias al sofisticado sistema de recados que tenemos aquí en el periódico. Lo que no sé es por qué no he borrado el mensaje hasta ahora. Todo lo demás que había en la cinta de ese día, ya no está, lo escuché y lo borré, pero no este mensaje. "Sr. Montini", dijo, "me llamo Debbie. Estoy muy enferma, me muero y sólo quería darle las gracias por sus artículos. Ahora que me queda tan poco tiempo, doy las gracias a todas las personas que han hecho algo especial por mí en mi vida."*

El periodista continúa:

> *Nunca hice nada especial por esta mujer. Los artículos por los que me agradece no fueron escritos para ella. Fueron escritos para mí, como sucede con cada artículo que escribo. Me imagino que, en cierto nivel, Debbie lo sabe o, al menos, lo percibe. Sin embargo, me dio las gracias. Y no la he borrado.*

Y concluye:

> *Imagínense. Uno de los últimos días de su vida, Debbie desperdició*

treinta valiosos segundos, quizás un par de minutos si sumamos el tiempo que le tomó conseguir el número de teléfono, marcar, organizar sus pensamientos. Es demasiado tiempo para dedicarle a un extraño que no ha hecho nada por ti que no haya sido por casualidad. Debbie no sabe de qué habla. Al contrario, fue ella quien hizo algo por mí. Ella me dio un regalo. Me lo iba a quedar para mí solo, pero es algo que sólo tiene valor si se usa. Por eso, si ustedes han leído hasta aquí, sólo me queda una cosa por decirles Gracias.

Gracias. Es una palabra tan simple. Sin embargo, tiene tanto poder, tanto significado. "Gracias" puede darle a otra persona una sensación de significado, de valor. Puede dar vida a la vida. Puede iluminar el día más nublado.

Mi historia preferida es la del padre que llama por teléfono a su hijo, quien, ocupado con su propia vida, mantenía poco contacto con su padre. Preguntó el padre: "Hijo, yo me imagino que te sorprende mi llamada. Pero hay algo que me da vueltas en la cabeza y necesito preguntarte. El día que yo muera, ¿vendrás a mi entierro?" "Por supuesto papá, ¿qué pregunta es ésa?" "Y, cuando vengas, ¿crees que estarás triste y me agradecerás lo que hice por ti?" "Por supuesto papá, tú debes saber que yo te quiero mucho." Luego de un largo silencio, el padre agregó: "Entonces hijo, te pido un favor: En lugar de esperar hasta mi entierro, mejor ven y dímelo ahora, mientras estoy vivo".

¿Me permites sugerirte que pienses a quién o a quiénes deberías agradecer?

¿Me permites sugerirte que tomes un momento para, hoy, decir "gracias"? Puede ser a Dios, a un ser querido, padre, madre, hijo, hija, hermano, hermana, a un amigo o amiga, incluso a un extraño.

No esperemos ocasiones especiales, pueden no llegar a darse. Hagámoslo en vida. Aprendamos que hoy, que cada día, es la mejor ocasión para agradecer.

Gracias.

⁊ *Una palabra de reconocimiento* ⁊

Hace tiempo escuché que en la NASA decidieron construir un nuevo prototipo de nave espacial y que, para ello, solicitarían la contribución de personas de recursos. Cuando llegó el día del lanzamiento, miles de personas se congregaron para presenciar el prometedor espectáculo. Se encendieron los motores y comenzó la cuenta regresiva: tres, dos, uno, cero, y se escuchó el aturdidor ruido de las turbinas en su máxima potencia. La gente estaba admirada. Pero, para sorpresa de todos los presentes, ¡la nave permanecía en su mismo lugar! Después de varios intentos fallidos, se decidió posponer el evento y se ordenó una minuciosa investigación. A las pocas semanas se publicó el reporte. El lanzamiento había fallado porque la nave tenía exceso de peso. Según los investigadores, la causa fue: ¡Demasiadas placas de agradecimiento a cada uno de los donadores!

La verdad es que no siempre me sentí a gusto con las organizaciones que honraban a la gente. Yo solía decir que muchos edificios de beneficencia no fueron construidos con ladrillos, sino con placas.

Confieso que yo estaba equivocado. Y que fui injusto. Lo aprendí de una persona a quien siempre admiré, uno de mis favoritos desde mi infancia. Es Jerry Lewis, el comediante. Quienes lo conocen dicen que es un hombre con mucha energía, que siempre actúa, siempre está "prendido", ya sea en el escenario o fuera de él. Siempre intenta impresionarte con lo talentoso que es. Después de leer una entrevista que le hicieron, comprendí que yo estaba equivocado. Un reportero le preguntó: "¿Qué es lo que te impulsa a actuar así?" Respondió: "Mis dos padres eran actores, pero nunca llegaron a mucho. Quizás ésa fue la razón por la cual siempre me hicieron menos y me dijeron que yo no era muy bueno. Mis padres partieron hace mucho; sin embargo, todavía pienso que, si tan sólo pudiera actuar un poco mejor, entonces me verán, me sonreirán y dirán: '¡Eso está bien, Jerry! ¡Ahora lo haces muy bien!' " El reportero le dijo: "Todo el mundo te aplaude. ¿No te basta con eso?" Y Lewis dijo: "No hay comparación alguna entre tener la adulación de extraños y tener la admiración de tus padres. Ninguna comparación".

Jerry Lewis me enseñó que el reconocimiento es un ingrediente indispensable de una vida sana.

¿Alguna vez han visto a los niños jugar? Observen cuando se tiran un clavado, cuando se lanzan por la resbaladilla o cuando andan en bicicleta. Todos dicen lo mismo: "¡Mira, mamá, sin manos!", o "¡mira, papá, cómo nado!"

Afortunado el niño que tiene padres que están presentes para decir: "¡Bravo hijo, estoy orgulloso de ti!", y triste el niño cuyos padres, por cualquier razón, no importa cuál sea, son incapaces de decir esas palabras. Pobre de ese niño, puesto que crecerá y se convertirá en alguien como Jerry Lewis, quien, hasta hoy, con toda su fama y con toda su fortuna, todavía dice, sin ningún resultado: "Miren, mamá, papá, ¡soy chistoso, estoy aquí!"

Él me hizo pensar que ser reconocido, ser valorado, es una necesidad humana básica. El niño lo necesita. ¿Y nosotros? También. Nosotros también necesitamos el calor de un abrazo, el efecto de una sonrisa, la calidez de una palabra. Lo necesitamos como el alimento del alma. Y lo buscamos a como dé lugar. Claro que la mayoría somos gente sencilla. No somos estrellas de cine, ni políticos, ni jugadores de futbol. Entonces, ¿qué podemos hacer para ser reconocidos y valorados?

Simple. Tener la iniciativa en el trabajo, en la casa, en la escuela. Padres e hijos necesitan oírlo unos de los otros. Por eso los abuelos somos tan importantes para los nietos, porque les damos amor y reconocimiento incondicionales. Eso es algo que ellos necesitan. Es algo que todos necesitamos.

El tratado de principios, una obra sobre ética judía, pregunta, responde y nos enseña: "¿Quién debe ser valorado y reconocido? Aquel que honra a los demás". Alguien que reconoce, alguien que tiene en sus labios sólo palabras gentiles. Las palabras, en cada circunstancia, son sagradas.

Una novia y un novio en el altar no creen que las palabras sean superficiales. Ni un estudiante frente a sus maestros. Hijos reunidos en derredor de su padre que muere, no creen que las palabras no contengan sentimientos. En tales momentos, las palabras se llenan de tal urgencia que dejan su marca permanente sobre las vidas humanas. Por ello, al mismo tiempo que insisto en el valor de la palabra, quiero resaltar también la importancia del silencio.

Tal vez la palabra más repetida, más dañina, es "chisme". Es algo que hacemos con extrema facilidad, algo que está en nuestro vocabulario diario. Yo quisiera, en estas páginas, proponerte que todos decidamos combatir ese chisme que tanto daño hace. Alguien dijo una vez que cada año muere más gente víctima del chisme que gente atropellada en la calle. ¿Cómo hacerlo? Justo con el hábito opuesto: hablar bien de otros. Expresarnos bien de otra persona. Buscar resaltar lo positivo del otro. Buscar valorar al prójimo. Si no tienes nada bueno por decir, entonces da lugar al silencio. Te aseguro que, si vivimos así y reconocemos, afirmamos y apreciamos a quienes nos rodean, tendremos motivos para esperar que otros nos imiten y que nuestro hogar, nuestra comunidad, el mundo, sean un mejor lugar.

Hace años, un querido maestro y amigo dio una plática a los miembros del Club de Joyeros en Manhattan. Hablaba sobre el tema de reconocer, de hablar bien, de resaltar lo positivo. Uno de los asistentes le preguntó si no creía que eso era una pérdida de tiempo. A manera de respuesta, preguntó a la concurrencia si alguna vez habían tirado por accidente un diamante de un millón de dólares. El salón estalló en risas.

"¡Nunca!", gritaron todos. "Cualquier conocedor sabría el valor de lo que tiene en sus manos." El conferencista, un sacerdote, esperó algunos instantes y luego dijo con voz suave: "Por si ustedes no lo saben, mis queridos amigos, les diré un secreto: yo también soy un experto en diamantes. Camino por las calles del mundo todos los días, y todo lo que veo son los más preciosos diamantes que pasan junto a mí. A algunos puedes recogerlos del arroyo y limpiarlos, pulirlos un poco. Apenas lo haces, te sorprende de cómo brillan. Así que lo más importante que deben saber es que, todos, todos en absoluto, son diamantes en bruto que esperan ser pulidos".

Si pudiéramos buscar, vivir, valorar, reconocer y resaltar el brillo y el valor de otros, tendríamos motivos para esperar que Dios apreciará lo que hemos hecho y nos dirá: "Bien hecho, hijo, bien hecho. Estoy orgulloso de ti".

XV

Lograr funcionar

La vida es aquello que va a sucederte
mientras tú te empeñas en hacer otros planes.

JOHN LENNON

✒ Lo que podemos aprender de Noé ✒

Seguro que conoces o recuerdas el pasaje bíblico del arca de Noé y del diluvio. Es uno de los relatos que desde niños aprendemos y no olvidamos. Para muchos, es una historia que resalta la magia de la imaginación por los animales, o tal vez la recuerdan por el bellísimo arco iris. Sin embargo, si como adulto tienes la oportunidad de volver a leer el relato, descubrirás cuántas lecciones podemos aprender de la vida de Noé, y cómo pueden ayudarnos a dar una mayor y mejor perspectiva a nuestra propia vida.

Una lección, por ejemplo, podemos aprenderla de un texto que circuló por Internet de forma anónima, y que nos presenta ocho principios para aplicar a la vida.

1. No pierdas el barco. Si lo pierdes, lo lamentarás.

2. Recuerda que todos estamos en el mismo barco, así que tratemos de llevarnos bien.

3. Planea las cosas con anticipación. No llovía cuando Noé empezó a construir el arca.

4. No escuches a los críticos. A fin de cuentas, ellos terminaron ahogados, así que concéntrate en realizar el trabajo que debe hacerse.

5. Por seguridad, viaja en pareja.

6. La velocidad no es por fuerza una ventaja. Los caracoles se las arreglaron para llegar al barco junto con las gacelas.

7. Recuerda, el arca fue construida por *amateurs*. El *Titanic*, por profesionales.

8. No importa lo tormentoso del viaje, siempre habrá un arco iris al final.

Buenas ideas para una vida más significativa. Sin embargo, hay otras dos lecciones que quisiera compartir contigo. Si lees con atención, descubrirás lo siguiente: hasta que termina el diluvio y sale del arca, Noé no habla ni siquiera una vez. Dios le dice: "Construye un arca". Él construye un arca. Dios le dice: "Entra". Él entra. Dios le dice: "Lleva animales". Él se lleva los animales.

Nunca habla. Ni con Dios ni con la gente. Noé no discute con Dios para intentar salvar otras vidas. Tampoco trata de hablarle a la gente. Él sabe de la inminente catástrofe que caerá sobre el mundo si no se arrepiente. Pero Noé vive por y para sí mismo. Es un buen hombre, pero no tiene ni relación ni sentido de responsabilidad por otros seres humanos. Después del diluvio, en este nuevo mundo, Noé cambia. Planta un viñedo, bebe el vino, se emborracha y se duerme. En una ocasión, su hijo menor vio la desnudez de su padre pero no lo cubrió. Fue un acto incorrecto. Cuando Noé despierta, por primera vez en su vida, habla. Se dirige a su hijo y le dice: "Detente, hijo, lo que hiciste fue incorrecto. Fue una falta de respeto. Tú has hecho algo sin ética, algo que está prohibido y debes ser castigado".

El viejo Noé, el Noé de antes del diluvio, estaba tan concentrado en sí mismo que es probable que no se hubiera preocupado por corregir la conducta o las acciones de otra persona. Pero el nuevo Noé entiende que el mundo no puede ser como era; que el nuevo mundo no sobrevivirá a menos que la gente cambie, a menos que la gente hable. Después de ser testigo de la destrucción de aquel mundo, Noé ya no está dispuesto a tolerar otra catástrofe. Por eso rompe su extraño silencio, para castigar y reprender a su hijo.

Noé sobrevivió la destrucción del diluvio, y aprendió que *ser sobreviviente significa ser testigo, y ser un sobreviviente significa comprometerse con la sociedad.*

Recuerdo las palabras del premio Nobel de la Paz, Elie Wiesel, en la ceremonia de la colocación de la primera piedra para la construcción del Museo del Holocausto en la ciudad de Washington. Wiesel, él mismo sobreviviente del Holocausto, resumió el propósito del proyecto y de lo que significa ser un sobreviviente. "Aprendan lo que seres humanos pueden hacer a otros seres humanos. Aprendan los límites de la humanidad. Porque, si aprenden, entonces la esperanza es posible. Si olvidan, entonces la desesperación es inevitable."

Ésa es una frase muy corta y simple, pero pienso que contiene una verdad importante. La misma verdad que aprendió Noé. Si toda esta destrucción busca tener algún sentido, entonces debemos aprender de ella. Si no lo hacemos, entonces no hay esperanza para el mundo. Pero si aprendes una lección, aprende que mantenerte callado es ser cómplice; aprende que, cuando veas la maldad, tienes que hablar; aprende que la maldad florece cuando la gente buena es indiferente y no hace nada. Si logramos no sólo aprenderlo, sino también ponerlo en práctica, te digo, entonces hay esperanza.

Cuando tantas veces veo el silencio, la indiferencia y la oscuridad que dominan nuestro mundo, tengo el sentimiento de que la lección que Noé aprendió tarde en su vida, de que una persona debe hablar cuando ve que se hace daño, vuelve a repetirse en nuestra generación. Eso me llena de desesperanza y temor. Porque hoy, todos debemos ser testigos. *Porque, si aprendes, entonces la esperanza es posible. Si olvidas y callas, entonces la desesperación es inevitable.*

❧ *Cuatro verdades* ❧

Mi mamá, en bendita memoria, cada vez que se sentía frustrada por alguna de mis travesuras (que ocurrían con mucha frecuencia), acostumbraba exclamar con desesperación: "Lo que la inteligencia no logra, lo logra el tiempo". Nunca supe si se lo decía a sí misma, si me hablaba a mí o si se dirigía a Dios.

Con humildad, quisiera compartir contigo cuatro verdades que el tiempo me ha enseñado. Es probable que de joven nunca las hubiera tomado en serio, pero ahora, en el otoño de mi vida, aprendí que estas cuatro verdades son leyes inmutables y que debemos tomarlas en cuenta.

La primera verdad es que *no podemos tenerlo todo*; que nadie, sin excepciones, nadie lo tiene todo. Te diré dónde aprendí esta lección, pero con la condición de que no te burles. Cuando voy al médico o al dentista, mientras espero mi turno y si nadie me conoce, yo... a veces leo la revista *Hola*. ¿Y sabes cuál es la primera lección de vida que he aprendido al leer la revista? Lo que mi madre me repetía cada vez que yo me quejaba de lo poco que tenía y de lo mucho que tenían mis amigos. Ella decía: "Hijo, nadie lo tiene todo".

La mamá de un conocido escritor decía así: "Las únicas personas que conozco que no tienen problemas son las personas que no conozco". ¡Cuánta verdad! Cada semana, ésa u otras revistas publican reportajes sobre la vida de celebridades, de los ricos y famosos. ¿Y si la lees entre líneas, sabes lo que podrías edescubrir? Que esas personas tienen tantos problemas como nosotros.

Uno pensaría que esa gente tiene todo aquello con lo cual los demás apenas soñamos. Sin embargo, al leer acerca de ellos, uno se da cuenta de que llevan vidas vacías y solitarias. Créeme, no tenemos que envidiarles nada en absoluto. Piensa, por ejemplo, en aquella joven que tuvo una boda que fue como un cuento de hadas. Lo tenía todo y se convirtió en princesa. Tenía enormes riquezas y una belleza incomparable. ¿Quién hubiera creído que sería tan infeliz, al grado de sufrir bulimia y divorciarse de su esposo, fragmentar a su familia, para luego terminar su vida de manera tan trágica? El ejemplo de la vida y la muerte de la princesa Diana me enseña que fama, riqueza y abundancia no son una apuesta segura de tener todo en la vida. Ésa es mi primera lección: Nadie, sin excepción, lo tiene todo.

La segunda lección que he aprendido a lo largo de los años es que *nadie lo sabe todo* y, por consiguiente, cualquiera que crea que lo sabe todo, debe ser evitado a toda costa. ¿Sabes cuál es la diferencia entre la genialidad y la estupidez? La genialidad tiene sus límites; la estupidez, no. Una de las formas en que la estupidez se manifiesta es a través de aquellos que *creen* saberlo todo.

Dios ha dado una parte de Su sabiduría a los seres humanos. No toda Su sabiduría. Por tanto, los seres humanos deben complementarse, porque una persona tiene un fragmento de la sabiduría de Dios y alguien más cuenta con un trozo diferente, y sólo si se escuchan entre sí y aprenden el uno del otro, sólo entonces, aumentarán su sabiduría. *Nadie lo sabe todo.* Esto se aplica a las relaciones personales también. Conozco hombres y mujeres que deben vivir con una pareja que cree que lo sabe todo. Personas incapaces de admitir que pueden estar equivocadas.

En alguna revista de consultorio alguna vez leí que la actriz Joan Rivers preguntó: "¿Saben por qué incluyen mujeres en las misiones espaciales? Porque, si una mujer se pierde, se detendrá a pedir instrucciones. Un hombre, no". Conozco a muchas personas que dicen: "Si alguna vez me equivocara o no tuviera razón, lo admitiría, pero hasta ahora nunca me ha sucedido". Por ese criterio, negocios han fracasado y matrimonios han terminado.

Uno: Nadie lo tiene todo. Dos: Nadie lo sabe todo.

La tercera lección que aprendí es: *Nadie puede hacerlo todo*, o, por lo menos, nadie puede hacerlo *todo solo*.

El mundo en que vivimos está hecho de forma tal que, nos guste o no, estamos interrelacionados y somos interdependientes. Nadie lo tiene todo, nadie lo sabe todo y nadie, sin excepción alguna, nadie puede hacerlo todo.

Y hay una cuarta verdad que aprendí y que quisiera compartir contigo: *Las cosas no son o todo o nada*. Muchos ven la vida como blanco o negro, bueno o malo; pero, mientras uno crece, aprende que la vida no está en los extremos y que las cosas no son todo o nada. Uno aprende que entre el blanco y el negro hay un espectro de colores.

Creo que ésta es la lección más importante: uno no puede tenerlo todo, *pero puede tener algo*. Uno no puede saberlo todo, pero *puede saber algo*. Uno no puede hacerlo todo, *pero puede hacer algo*. Por consiguiente, aquello que puedas tener, debes luchar por *tenerlo*; aquello que puedas saber, debes dedicarte a aprenderlo; y aquello que puedas hacer, debes esforzarte por hacerlo. Y no debes permitir que el hecho de no poder *tener* todo, o de no poder *saber* todo, o de no poder *hacerlo* todo, sea un pretexto o justificación para no hacer *nada*.

Éste debe ser el espíritu y el sentido de la urgencia de la vida. Lograr vernos no apenas como somos en realidad, sino vernos como podríamos ser y comprometernos a serlo. Deja de lado las justificaciones, deja de pensar como piensan los niños, en el todo o la nada, en uno o lo otro. Acepta que la vida es un balance entre ambos. Es estar en continuo movimiento al tiempo que buscas alcanzar el equilibrio necesario.

Entonces recuerda estas lecciones de la vida. Una: nadie lo tiene todo. Dos: nadie lo sabe todo. Tres: nadie puede hacerlo todo. Y cuatro: que lo que podamos tener, y lo que podamos saber, y lo que podamos hacer... es lo que debemos tener, y debemos aprender, y debemos intentar hacer.

YSI NO ES AHORA, ¿CUÁNDO?

Lograr funcionar

La felicidad que buscamos no siempre aumenta la calidad de nuestra vida. Pero la búsqueda y la práctica de lo bueno debe llevarnos a encontrar una vida más feliz.

Hace pocas semanas, al salir de un seminario de estudios con colegas y que se realizara en la ciudad de Nueva York, comencé a caminar en dirección al metro que se encuentra frente al campus de la Universidad de Columbia. Es un lugar lleno de jóvenes y también lleno de librerías. Mientras caminaba, la vidriera de una de esas librerías llamó mi atención. Un letrero declaraba, con grandes letras: "El yoga no funciona", y debajo, con letras más pequeñas, decía: "La meditación trascendental no funciona". Debajo, con letras todavía más pequeñas, decía: "El comunismo no funciona", y debajo de esto estaba escrito: "La religión no funciona". Debajo, con letras difíciles de leer: "El psicoanálisis no funciona", y en la última línea, de nuevo en letras grandes, decía: "Lo que debe funcionar eres tú".

Quiero confesarte que, cuando lo leí, se me iluminó el rostro. Pensé: "Marcelo, ya tienes el tema para una prédica, porque este cartel resume una de las ideas centrales de la vida del ser humano". Lograr que cada uno de nosotros funcione. Sentir que funcionamos y que lo hacemos bien. Como individuos, como familias, como comunidad. Sentir que podemos alcanzar la plenitud en nuestra vida. Para ello, debemos realizar un análisis individual. Debemos mirar dentro de nosotros y encontrar los puntos oscuros que hayamos acumulado y que sólo cada uno conocemos. Entonces, hay que tallar y depurar hasta que éstos desaparezcan.

Ésta es nuestra tarea, nuestro desafío.

Claro que esta idea sólo funcionará si nos concentramos en la esencia de cada uno de nosotros y no en la superficie del otro. En la realidad nos preocuparnos por la ropa que usan los otros, pero no somos capaces de desnudar nuestro espíritu. Nos ocupamos en pensar cómo podemos arreglar el mundo, en lugar de ocuparnos en cómo podemos alcanzar la plenitud en nuestra vida.

Por tanto, quienquiera que gaste tiempo y energía en señalar los defectos e imperfecciones del otro, se pierde de la idea y del mensaje más importante de estos días: Cómo podemos y qué debemos cambiar para ser mejores.

Mejores padres y madres; mejores hijos e hijas; mejores esposos y esposas; mejores hermanos y hermanas; mejores familias; mejores amigos; mejores seres humanos. Y cuando la gente se ve reflejada en el espejo y no se siente feliz con lo que ve, con frecuencia busca realizar cambios en su apariencia. Claro que algunos creen que, porque él o ella viven así, todos los demás actúan de la misma manera.

Lo anterior me recuerda la historia de Mario que, mientras caminaba por el parque, se le acerca a otro hombre y le dice:"Armando Sánchez, nada más mírate, te estiraste la cara, te cambiaste los dientes. Tu nariz solía estar chueca y ahora está derecha. Tu pelo solía estar completamente blanco y ahora es negro azabache". El hombre, molesto, le responde: "Disculpe, señor, pero yo me llamo Moisés Kolsus". Mario le sonríe, lo abraza y le dice: "No puedo creerlo, Armando, ¡hasta el nombre te cambiaste!".

Yo sé que mirar dentro de uno mismo no es una tarea fácil y sé también que es muy grande la tentación de escapar y tratar de encontrar culpables por lo imperfecto y lo incompleto en nuestra vida, o simplemente embarcarnos en fantasías que nos alejan de la verdadera tarea. Pero debemos dedicar momentos a la introspección, a mirarnos a nosotros mismos, a descubrir qué necesita ser corregido y mejorado. A progresar. A concentrarnos en nuestra propia alma. A tratar de lograr lo mejor de nosotros mismos.

Un bellísimo versículo de la Biblia ilustra esta idea. Está

escrito: "Ama a tu prójimo como a ti mismo". En primer lugar debe haber amor por ti mismo, un amor que refleje preocupación, autoestima; que refleje el sentimiento de estar bien contigo mismo. Sólo entonces estarás en condiciones de amar a otro de verdad. Requieres un gran esfuerzo y una actitud decidida.

Cuentan la historia de un campesino muy simple que va al mercado un día. Una de las cosas que encuentra ahí es un espejo. Él nunca había visto un espejo antes y no sabía lo que era. Lo vio y concluyó que era el retrato de su padre. Era un retrato casi real. Le parecía mirar a su padre y que su padre lo miraba a él: estaba fascinado. Lo compró pero, al llevarlo a casa, le dio vergüenza lo que había pagado, así que lo escondió en el establo. Sin embargo, le fascinaba tanto este retrato tan real que varias veces al día iba a escondidas al establo para mirarlo.

Su esposa notó su extraña conducta, se preguntó qué sucedería y comenzó a preocuparse. "¿Qué hará en el establo? ¿Se encontrará con otra mujer?". Sin resistir la curiosidad, fue a revisar y encontró algo que nunca había visto antes: un espejo. Lo tomó en sus manos, lo observó y dijo: "Ajá, tiene una novia y esconde su retrato aquí en el establo. Pero, ¿sabes qué?, si quiere tener una aventura con una vieja tan fea como ésta, ¡se la merece!".

Cuando nos sentimos decepcionados con lo que vemos en el espejo, con frecuencia buscamos realizar cambios en nuestra apariencia. Si ves ahí algo que no te gusta, te digo que éste es el momento de hacer algo al respecto.

Es el momento de tomar la decisión de cambiar. No el maquillaje externo, sino las cosas del alma que te limitan como persona.

Cuando te ves reflejado en tu espejo, ¿qué ves? Porque, para que todo lo demás funcione, lo primero que debe funcionar eres tú.

XVI

Los mejores años de vida

La vida es como una caja de bombones,
nunca sabes qué va a tocarte.

FORREST GUMP

❦ Los mejores años de vida ❧

Hace poco tuve una conversación sorprendente con un conocido que es director de una gran empresa. Yo lo puse en contacto con un amigo de 58 años de edad que parecía ser el candidato ideal para una vacante en aquella empresa. El hombre se encontraba en excelentes condiciones físicas, gozaba de perfecta salud y tenía muchos años de experiencia en el tipo de trabajo que estaba vacante. Le pidieron que llenara un formulario, y nunca más tuvo noticias.

Semanas más tarde, llamé al director para saber qué había sucedido. ¿Por qué él había eliminado a mi amigo sin, por lo menos, haberlo entrevistado? "Él parece ser una buena persona, pero el problema es su edad", fue la respuesta. "¡No es posible!", exclamé, enojado. "El hombre tiene apenas 58 años y está fuerte como un toro." "Sí", respondió el director con tono de disculpa, "pero es la norma de nuestra firma: contratar personas más jóvenes."

Si algunos de estos importantes hombres de empresa hubieran leído más y estudiado con más conciencia en la escuela, tal vez se acordarían de que Immanuel Kant escribió sus mejores obras filosóficas después de los 70 años de edad;

que Von Humboldt inició *Cosmos* y lo terminó a los 90; que Goethe escribió la segunda parte de su obra *Fausto* a los 82 años; que Victor Hugo sorprendió al mundo con *Torquemada* a los 80; que Thomas Mann tenía 79 años cuando escribió *Felix Krull*. Recordarían que Sigmund Freud publicó *Moisés y el monoteísmo* cuando tenía 80 años; que Rembrandt pintó con fuerza y energía absolutas hasta el día de su muerte; que Tiziano pintó la incomparable *Batalla de Lepanto* a los 98 años de vida, que Miguel Ángel todavía producía obras primas a los 89, y que Monet creaba bellísimos cuadros a los 86 años.

Como es natural, la personalidad, la inteligencia y el talento valen mucho; pero muchas veces el potencial del individuo sólo se revela con la edad. Muchos de los escritores, pintores, pensadores, compositores e inventores vivos de la actualidad, tienen la edad de los abuelos; algunos están cerca de los 70 o de los 80, otros ya pasaron los 90 años y continúan firmes. Mark Chagall, a los 96 años de edad, estaba en plena actividad. Arthur Rubinstein deleitaba al mundo con su piano a los 95 años. Arthur Fiedler dirigió su orquesta hasta el día de su muerte, a los 84. Pablo Casals se presentaba en conciertos a los 96 años, e Irving Berlin, a los 95. Sir Winston Churchill vivió en plenitud hasta los 90 años.

Pablo Casals, cuando cumplió 93, tuvo la sabiduría de escribir:

> La edad es un asunto relativo. Si todavía trabajas y absorbes la belleza del mundo a tu alrededor, encuentras que la edad no por fuerza significa hacerse viejo. Cuando menos, no en el sentido ordinario. Siento muchas cosas con más intensidad que nunca y, para mí, la vida se vuelve fascinante. El trabajo le ayuda a uno a no hacerse viejo. Yo, por ejemplo, no puedo soñar con retirarme. Ni ahora ni nunca. ¿Retirarme? La palabra me es ajena y la idea, inconcebible. Mi trabajo es mi vida. No puedo pensar en una sin el otro. Para mí, retirarme significa empezar a morir. El hombre que trabaja jamás se aburre, nunca se hace viejo. Cada día tengo que volver a empezar. Me permite tomar conciencia de lo asombroso de la vida con un sentimiento del increíble milagro de ser un ser

humano. La música no es nunca igual para mí nunca. Cada día es algo nuevo, fantástico e increíble. El trabajo de uno debe ser un saludo a la vida.

La lista de aquellos que vivieron una vida productiva en su vejez es interminable. Es verdad que todos los nombres que les mencioné eran figuras destacadas. No obstante, tengo la seguridad de que cada uno de nosotros, de una manera modesta y sencilla, también puede enriquecer la calidad de todos los años de vida al dar, al aprender y al amar.

Tal vez este mensaje traiga un poco de esperanza y ánimo a aquellos que creen que ya dieron todo de sí. Como está escrito en el libro de los Salmos: "Incluso en la vejez prosperarán, frondosos y lozanos permanecerán. Darán frutos".

Te digo que ser joven a los 80 años es mejor que sentirse viejo a los cuarenta.

Vejez y madurez

Antes de comenzar, te ofrezco disculpas por hacerte dos preguntas personales.

Una: ¿Cuántos años tienes? Y dos: ¿Estás viejo o vieja?

Te ofrezco disculpas porque en nuestra cultura es mucho menos grosero preguntarle a alguien cuánto dinero tiene o detalles íntimos de su vida, que preguntarle su edad. ¿Acaso no es verdad que gastamos todo el dinero del mundo en intentar ocultar y negar las señales de la vejez? Vivimos una extraña paradoja. Por un lado, todos queremos crecer; por otro, nadie quiere envejecer. Como, hasta ahora, nadie ha descubierto cómo reconciliar estos dos deseos, tratamos de mantener la edad a distancia.

Primero nos preocupamos por el color de nuestro cabello, y después lo hacemos por su desaparición. Tememos la pérdida de nuestra salud y cada día tomamos más vitaminas que las letras del abecedario. Gastamos fortunas en ocultar las arrugas externas, pero olvidamos que vivimos llenos de arrugas en el alma.

Para ti, ¿a qué edad se es viejo?

En 1900, a los 47 años hubieras sido muy viejo, porque ésa era la expectativa de vida promedio. Sin embargo, a finales del siglo XX, el promedio cambió de 47 a 74 años. Si eres un niño de preescolar, trece años suena a "viejo". Si eres adolescente, tus padres, además de no comprenderte, actúan como "ancianos". Si tienes veinte, 55 suena a viejo. Pero si tienes 60, un hombre de 80 ya no parece tan viejo.

Es que la edad no es sólo en función de números. Tu disposición, tu actitud y tu espíritu son una parte esencial del cálculo. Por mi edad ya no recuerdo, pero creo que alguna vez te conté esta historia que me fascina. Es sobre un hombre que va a la compañía de seguros y quiere comprar una póliza.

Le preguntan: "¿Cuántos años tiene?", el señor contesta: "Setenta y cinco". Le informan: "No vendemos pólizas a gente de esa edad". Insiste: "Pero ustedes le vendieron una a mi padre la semana pasada, y él tiene 95". Revisan los registros y descubren que es verdad. Le dicen que regrese el próximo lunes y van a ver si pueden arreglarlo. Él dice: "El lunes no puedo, voy a ir a la boda de mi abuelo." "¡Júrelo! ¿Qué edad tiene su abuelo?". El hombre dice: "Ciento quince años". Los agentes exclaman: "¡Ciento quince! ¿Por qué quiere casarse a esa edad?" "Él no quiere, pero ¡sus padres lo presionan!"

¿Por qué me refiero a este tema? Ya no me acuerdo. ¡Ah, sí! Es que no debemos volvernos viejos demasiado pronto, ni sabios demasiado tarde, porque la gente puede vivir, crecer y cambiar, incluso en la vejez. Mientras hay vida, hay tiempo para cambiar y para reparar.

Existe un consuelo más. Si nos equivocamos con nuestros hijos, Dios nos da una segunda oportunidad: los nietos. Si fuiste demasiado estricto con tus hijos, puedes consentir a tus nietos. Si estabas demasiado ocupado en el trabajo para dedicarles tiempo a tus hijos, puedes compensarlo al dedicar tiempo para estar con tus nietos. Y puedes compensarlos con los chocolates y golosinas que no les diste a tus hijos.

¡Ah, la vejez! Alguna vez leí que estás viejo cuando todo te duele, y cuando lo que no te duele, no funciona. Estás viejo cuando el brillo de tus ojos es el reflejo del sol en tus lentes trifocales. Estás viejo cuando apagas la luz por motivos de economía, no de romance. Tal vez eso es vejez. Pero alcanzar la madurez es algo muy diferente.

El psicólogo Harry Overstreet escribió en su libro *La mente madura* que existen tres señales de la madurez. La primera prueba de la madurez de una persona no está en cuánto sabe, sino en cuánto crece. El día en que dejas de aprender es el día en el que te vuelves viejo.

¡Qué verdad! Según esto, mucha gente puede ser vieja a

los 30 años y mucha gente de 70 años no lo es. Si te sientes confiado y estás estancado, si no has cambiado de opinión sobre cualquier cosa en años, entonces estás viejo. No importa lo que diga el calendario. Mientras todavía crezcas, leas, corras y vivas, no eres viejo. Eres maduro.

La segunda idea de Overstreet dice: "Una persona madura no teme ser buena y dar de sí". Muchas personas dejan de ser generosas debido a temores que provienen de su infancia: si dan, luego no van a tener. Es un poco la idea de aquellos que están tan ocupados en acumular bienes, que se olvidan del único propósito noble que es utilizarlos y saber compartirlos. Cuando puedes abrir tu mano y compartir, cuando puedes comprender la idea de que eres socio de Dios y que es tu tarea hacerlo, cuando puedas construir un puente de corazón a corazón, entonces, además de generoso, eres maduro.

La tercera señal es ver más allá de uno mismo. Verse a uno mismo como parte de algo mucho más importante que el propio ego. Entender que el mundo, el universo, es más grande que tú, ésa sí que es una prueba espiritual de madurez.

Overstreet escribió: "Cuando un niño nace, no le importa nadie más que él mismo. Si pudiera hablar, sus primeras palabras no serían 'mamá' o 'papá', sino 'dame' y 'aliméntame'. Su mundo entero termina en la punta de sus pies. Pero, poco a poco, su mundo se expande. Sólo cuando llega al punto en el que se ve a sí mismo como parte de toda la humanidad, sólo entonces es un ser humano maduro". Ésta es la verdadera madurez.

La madurez es más que una cuestión de edad, y es diferente a la vejez.

Ése es el desafío para cada uno de nosotros. No es apenas vivir muchos años, es poder alcanzar la madurez durante nuestra vida. Lo que vale no es la cantidad de años, sino la calidad con que los llenaste.

Alguna vez leí la siguiente definición:

Eres maduro cuando aprendes que no hay nada gratis en esta vida. Cuando sabes que no puedes exigir o esperar la perfección de los demás o de ti mismo.

Eres maduro cuando sabes que nadie puede engañarnos tanto como podemos engañarnos a nosotros mismos, y que nadie puede vencernos tanto como podemos vencernos a nosotros mismos.

Eres maduro cuando te das cuenta de que los medios que utilizamos para lograr nuestros fines, afectan nuestros fines porque nos convertimos en lo que hacemos.

Y en verdad eres maduro cuando utilizas listas como ésta, no sólo para valorar a otras personas, sino, en especial, para evaluarte a ti mismo.

La vejez es sólo una realidad física de la vida, mientras que la madurez, es un logro.

XVII

Y si no es ahora, ¿cuándo?

> *La vida, la vida que ríe y llora todos los días*
> *es una cosa mucho más importante*
> *que el propio dolor.*
>
> VÍCTOR R. IRIARTE

No interrumpir la música...

El 26 de julio de 1986, en Tanglewood, Midori, la violinista japonesa, entonces de *catorce* años de edad, tocó la *Serenata para violín y orquesta de cuerdas* de Leonard Bernstein. En este concierto, el propio Bernstein fue el director de la orquesta.

Según John Rockwell, del periódico *The New York Times*, esta interpretación fue "casi perfecta a nivel técnico". Sin embargo, durante el quinto movimiento se rompió una de las cuerdas del violín de Midori. Ella tocó con otro violín que le proporcionaron. De repente, una de las cuerdas de ese violín también se rompió. Así que tocó con otro violín que le proporcionaron. El crítico escribió: "Al finalizar, el público, la orquesta y el director-compositor se unieron, y juntos le dieron una ovación de gritos y aplausos".

Dos días después, durante una entrevista en la que le preguntaron sobre su reacción durante el concierto, Midori respondió: "¿Qué podía hacer? Se me rompieron las cuerdas, y yo... yo no quería interrumpir la música".

Algo similar ocurrió en otra ocasión, durante un concierto con otro famoso violinista, Yitzjak Perlman, y su respuesta a la pregunta acerca de su reacción fue: "A veces, la tarea del artista es descubrir cuánta música puede hacerse con lo que a uno le queda".

Ya sea Perlman, Midori o cualquier otro solista, la habilidad de restaurar el momento musical a la perfección, después de haberse roto una cuerda, es un modelo de cómo vivimos nuestra vida. Cuando las cosas van bien, nos sentimos de maravilla; pero, ¿qué sucede cuando algo inesperado interrumpe el momento? ¿Cuando la tristeza o la aflicción, el dolor o la melancolía tocan nuestro corazón? ¿Cuál es nuestra reacción?

¿Nos daremos por vencidos? ¿Podremos restaurar la música en nuestra vida? ¿Utilizaremos el momento para intensificar la belleza que había antes? ¿Podremos de nuevo ser uno con la música?

Seguro que, en algún momento de tu vida, te encontrarás en una situación de tener una cuerda menos. Lo importante es hacer de ese momento una oportunidad para mostrar quiénes eres, mostrar si eres capaz de escuchar la melodía y avanzar. A fin de cuentas, somos nosotros quienes elegimos cómo reaccionar ante las cuerdas rotas de la vida. Cuando debas elegir, no te detengas; con lo que queda, continúa con la melodía de tu vida.

La carriola del bebé

Dos amigos llegaron hasta la aldea donde vivía un santo maestro, un hombre milagroso. Una vez por año, ellos venían de muy lejos para visitarlo, y siempre se hospedaban en la misma posada. Esta vez, al llegar, encontraron al dueño muy deprimido y triste. El hombre habló con los visitantes: "Mi esposa y yo estamos casados desde hace diez años y todavía no fuimos bendecidos con un hijo. Ustedes dos saben muy bien que yo no soy un hombre muy piadoso. Sin embargo, les agradecería mucho si ustedes pidiesen al santo hombre que vinieron a visitar ¡que por favor rece por nosotros!"

Como es natural, los visitantes de inmediato estuvieron de acuerdo con la petición. A la mañana siguiente, cuando salían para ir a visitar al santo maestro, vieron que la dueña de la pensión empujaba una carriola nueva. También fueron testigos de que cada persona que pasaba por su lado exclamaba: "¡Felicidades!", y, a todos, ella respondía: "Todavía no, todavía no, pero pronto, muy pronto estaré embarazada". Esto le parecía muy raro a la gente, pero quienes quedaron muy sorprendidos fueron los dos visitantes, porque sabían muy bien que las oraciones de su santo maestro no siempre eran respondidas por Dios. No obstante, le transmitieron la solicitud de la pareja.

Un año más tarde, cuando, como era costumbre, volvieron a visitar la aldea para encontrarse con su maestro, se detuvieron en la puerta de la misma hostería, pero sintieron temor de entrar. Si la mujer no se había embarazado hasta ese momento, ellos estarían en una situación un tanto delicada. Mientras pensaban qué hacer, escucharon desde dentro el llanto de un bebé. Justo ese día se celebraba la fiesta por el nacimiento del bebé. Los dos hombres fueron recibidos con alegría y con honores, y fueron convidados a ser los padrinos.

De pronto, uno de ellos, mientras sostenía al niño en sus brazos, comenzó a llorar. Cuando terminó la celebración, él se dirigió rápido a la casa de su maestro para una audiencia particular.

"Mi maestro, santo hombre" dijo, visiblemente emocionado. "¿Usted se acuerda del dueño de la pensión?" "Ah, sí", respondió el maestro, "me enteré de que acaba de ser papá." "Pero", continuó el hombre, con lágrimas en los ojos, "eso no es justo porque usted ni conocía a la pareja, y a mí me conoce desde pequeño. Mi padre estudiaba con su padre y yo lo consulto a usted desde hace muchos años. Y, entretanto, durante todos estos años, mi mujer y yo nunca tuvimos un hijo." "Es verdad", respondió el santo hombre. "Pero déjame hacerte una pregunta: ¿alguna vez alguno de ustedes dos salió a comprar una carriola para bebé?"

Es vivir con fe lo que hace la diferencia en la vida.

⚘ *Dos grandes letreros* ⚘

Si tuviera la oportunidad de entrar a tu casa, me gustaría sugerirte que colocaras, en un lugar donde nadie pudiera dejar de leerlos, dos grandes letreros.

En el primer letrero escribiría: *Es más tarde de lo que piensas.*

Yo sé que es una frase difícil de aceptar. Sin embargo, en el fondo sabemos que hay áreas de nuestra vida personal que esperan que actuemos, pero siempre encontramos excusas para atrasar y postergar hasta que es demasiado tarde.

Es más tarde de lo que piensas. Lo aprendí al estar junto a gente que sufre. Lo repite con frecuencia: "Esperé demasiado para decírselo. En verdad quería hacerlo". "Iba a pedirle perdón." "Iba a decirle que lo quiero." "Iba a agradecerle." "Ahora es demasiado tarde. Esperé demasiado."

Lo que resulta paradójico es que, mientras en el día a día somos impacientes, manejamos rápido, comemos agitados, no logramos apagar nuestro celular, cuando se trata de tomar las decisiones trascendentales para nuestra vida, aplazamos, postergamos, esperamos demasiado. Para los que así viven, para quienes así piensan, les recuerdo: *Es más tarde de lo que piensas.*

Junto a ese letrero pondría un segundo: *Nunca es demasiado tarde.*

¿Crees que son contradictorios? Pienso que no porque, si bien debemos tener conciencia de que nuestra vida es finita, esto debe ser motivo de esperanza y no de tristeza; debe ser motivo de acción y no de parálisis. Tener conciencia de que nuestra vida tiene un final es lo que da urgencia a la vida.

Por ello, éste es el segundo letrero: *Nunca es demasiado tarde.* Yo no la veo como una idea opuesta a la primera. Las veo como un complemento natural porque, con el paso del tiempo, adquirimos la sabiduría y la visión para entender que la vida no se mide ni por el tamaño de nuestras casas ni por la marca de la ropa que vestimos ni por el modelo de auto que manejamos. Hay mucho más. Para ese mucho más, siempre postergado, relegado u olvidado, este día nos insiste: *Nunca es demasiado tarde.* Hoy, siempre este hoy único, es una oportunidad para que te decidas, como dice la canción, a dar vida a tus años. Es la oportunidad para dejar de posponer y arriesgarte a la aventura de vivir. La vida no es sólo importante, es sagrada.

Es más tarde de lo que piensas y, al mismo tiempo, *nunca es demasiado tarde.* Pensé en esto cuando, hace una semana, unos queridos amigos me mandaron un artículo de un periódico español. Me conmovió mucho y quiero compartirlo contigo. En el artículo se leía:

Desde que murió su mujer, hace ya 12 años, los días de Giorgio Angelozzi, un italiano de 79 años, eran largos y tristes. Pasaban semanas en las que no hablaba con nadie y, después de haber sido un profesor que dedicara toda su vida a enseñar, rodeado de jóvenes, se sentía solitario e inútil. Su hija, médico en zonas de guerra, sólo podía dedicarle, de vez en cuando, algunos minutos al teléfono desde algún recóndito país.

Hasta que, una mañana, se le ocurrió la idea de poner un anuncio en el periódico, como esos en los que se busca pareja o trabajo, pero escribió un anuncio algo inusual: "Anciano, jubilado, autosuficiente, ex profesor, aportaría 500 euros al balance de una familia que lo adoptase como abuelo. Sería una ventaja sobre todo para hijos, nietos y, en especial, estudiantes".

Él buscaba una familia que lo adoptara. Como por arte de magia, aquel teléfono que no sonaba nunca, ahora no dejaba de sonar. Más de cien familias de toda Italia han respondido, no se sabe si movidas por el aporte económico con que el "abuelo" contribuiría, por la ayuda extraescolar que daría a los hijos, o sólo conmovidas por el anuncio.

El profesor, desde su casa de San Paolo dei Cavalieri, un pueblito de 2 mil 500 habitantes a 45 kilómetros de Roma, cuenta cómo muchas de las familias que le han llamado necesitan un abuelo, no sólo para cuidarles a los hijos, sino también para enseñarles acerca de Horacio. Ahora promete que visitará a todas las familias que

*lo han llamado y que se han interesado por sus "servicios" como
abuelo, porque tiempo no le falta. Durante las próximas semanas,
Angelozzi tendrá la difícil tarea de elegir una familia para
compartir su amor a la vida.*

Él entendió lo que significa *Es más tarde de lo que piensas.*
No sabía cuánto tiempo le quedaba y reaccionó al buscar
cómo darle nuevo sentido a su vida, a su soledad. Entonces
concluyó: *Nunca es demasiado tarde.*

Qué bella lección para aquellos que sólo creen que *ya es
demasiado tarde*; para los desesperanzados, los pesimistas, para
aquellos que arrastran el alma. Qué lección para los ancianos,
no en años sino en actitudes de vida.

Qué bella lección y qué magnífica oportunidad para
transformar nuestra vida. Para aprender a tolerar lo que no
podemos cambiar, y cambiar lo que ya no podemos tolerar.

Te dejo mi sugerencia. Cerca de la entrada, en algún lugar
visible, coloca estos dos carteles y cada día cree que *es más
tarde de lo que piensas*, pero que, al mismo tiempo, *nunca es
demasiado tarde.*

¿Dónde escondieron la felicidad?

Cuando Dios, lleno de orgullo, creaba al primer ser humano, varios ángeles, celosos, molestos por no haber logrado que Dios no lo creara, se reunieron para hacer una travesura. Uno de ellos dijo: "Debemos quitarle algo, pero, ¿qué le quitamos?" Después de mucho pensar, dijo: "¡Ya sé!, vamos a quitarle la felicidad, pero el problema es dónde esconderla para que no pueda encontrarla". Entonces, uno de ellos propuso: "Vamos a esconderla en la cima del monte más alto del mundo". A lo que, de inmediato, otro respondió: "No, recuerda que Dios lo creará con fuerza y podrá subir y encontrarla; si uno la encuentra, todos sabrán dónde está".
Luego de un silencio, otro propuso:
"Vamos a esconderla en el fondo del mar".
De nuevo, la respuesta de sus compañeros fue negativa:
"Recuerda que tiene curiosidad; construirá
algún aparato para poder bajar y, entonces, la encontrará".
"Escondámosla en un planeta lejano a la Tierra", gritó uno de ellos. Los demás respondieron: "No, recuerda que tendrá inteligencia, un día construirá una nave en la que pueda viajar a otros planetas y va a descubrirla, y entonces todos tendrán felicidad".
El último en hablar era un ángel que había permanecido en silencio y escuchaba con atención cada una de las propuestas de los demás.
"Creo saber dónde esconderla para que no la encuentre."
Todos voltearon asombrados y preguntaron al unísono:
"¿Dónde?"
El ángel respondió: "La esconderemos dentro de él mismo, estará tan ocupado en buscarla afuera, que nunca la encontrará".

Todos estuvieron de acuerdo y Dios, quien los escuchaba,
sonrió en complicidad. Desde entonces ha sido así:
El ser humano vive en la búsqueda de la felicidad
sin saber que la trae dentro de sí.

Anónimo

Una lista personal

Quiero contarte una historia real que me resultó conmovedora y sentí la necesidad de compartirla.

Se llamaba Ann Nelson y vivía en un pequeño pueblo de Dakota del Norte. Tenía una maestría en administración. Como todo joven, se dirigió a Nueva York para buscar empleo. A principios del 2001 llamó a sus padres emocionada para darles la buena noticia: había conseguido un trabajo en Cantor Fitzgerald. Si reconocen el nombre, es probable que imaginen el resto de la historia. Cantor Fitzgerald era una compañía cuyas oficinas estaban en el piso 104 del World Trade Center y fue la que tuvo el mayor número de empleados muertos el 11 de septiembre. También Ann murió ese día. Nunca encontraron sus restos, pero su compañera de apartamento hizo llegar a sus padres algunas pertenencias personales entre las que se incluía su computadora portátil. Como ellos no tenían idea de cómo usarla, la guardaron en el sótano de su casa, donde estuvo varios años.

Su madre no la tocó porque no sabía nada de computadoras y además le resultaba doloroso, hasta que un par de amigos de su hija vinieron a la casa y se ofrecieron a enseñarle a la señora Nelson a utilizarla. Al principio, lo único que ella hacía era encenderla y observarla porque, de alguna forma, sentía como si Ann estuviera aún a su lado. Un día notó que había un dibujito en la pantalla marcado como "Mis 100". Sintió curiosidad y decidió abrir ese archivo. Para su sorpresa, descubrió que era una lista de objetivos que Ann se había propuesto para su vida; algunos ya los había cumplido y otros aún no. Era una lista que reflejaba su compromiso y sus sueños. Esa noche, los padres de Ann se sentaron ante la computadora y, al leer la lista, sintieron como si su hija estuviera de regreso. El primer punto de la lista era: Cuidar de mi salud. Y la lista seguía: Ser una buena amiga. Saber guardar secretos. Mantenerme en contacto con la gente que amo y me ama. Hacer un edredón. [Cuando vio esto, la mamá se soltó a llorar, ya que ella le había enseñado a su hija a coser, y recordó que, cuando lo hacían, solían pasarla muy bien]. Comprar una casa en Dakota del Norte. [En este momento, fue su padre quien soltó el llanto, ya que esto significaba que su hija soñaba con volver a casa algún día]. Lograr un Doctorado en Economía. Aprender otro idioma. Escalar el Monte Kilimanjaro. Nunca sentirme avergonzada de quien soy y de donde vengo. Ser el tipo de persona del que mis padres se sentirán orgullosos. Formar una familia. Leer algo cada día. Tejer un suéter para el cumpleaños de mi hermana. Trabajar de voluntaria en una organización de caridad. Aprender a cocinar mejor. Visitar más museos de arte. Pasar más tiempo con mi familia. ¡Recordar los cumpleaños! No adorar el dinero. Caminar descalza. Aprender a escuchar. Dejar tiempo para mis amigos, en especial cuando me necesiten. Aprender más sobre vinos. Sonreír mucho.

La lista llegaba hasta el 28. Había un 29, pero estaba vacío.

Los padres de Ann dicen que les encanta leer esta lista porque la sienten como un inventario de los valores de su hija. "Si lees esta lista, puedes saber quién era y qué era lo que en verdad le importaba". Desde entonces, muchas noches, en una pequeña casa en un pueblo de Dakota del Norte, una luz se enciende en el sótano, y el monitor de una laptop pasa de la oscuridad a la luz; entonces, dos padres enlutados leen un archivo que se llama "Mis 100".

Pienso que este relato tiene una profunda lección que podemos aprender para nuestra vida personal. Creo que, como Ann, cada uno debería hacer una lista de todas las cosas que quiere hacer en esta vida. Pienso que cada uno debería sentarse, pensar y elaborar su lista de "Mis 100". Pienso que hacerlo sería importante.

Puedo preguntarte, a modo de reflexión, ¿cuales serían tus

100? ¿Qué es lo que quieres hacer? ¿Adónde te gustaría viajar? ¿Quieres aprender a jugar canasta? ¿Cuál montaña quieres escalar? ¿Te gustaría escribir un libro? ¿Quieres aprender a tocar un instrumento? ¿Bailar? ¿Correr? ¿Cuál es tu sueño?

Sin que en realidad importe lo que quieras hacer, lo relevante es que aquello que decidas que forme parte de tu lista, lo apuntes y luego te dediques a transformarlo en realidad.

Un pasaje del Talmud enseña que, cuando llegues al mundo venidero, Dios te dirá: "Mira todos los placeres que he creado en el mundo. Hice frutos deliciosos y dulces vinos. Hice el Himalaya y el Mediterráneo. ¿Y tú los ignoraste? ¿Nunca te tomaste el tiempo de disfrutarlos?". Entonces, tú deberás responder.

¿Qué responderás? ¿Tendrás respuestas honestas? Por ello, mi primera sugerencia es que hagas una lista con las cosas que son parte del sueño de tu vida. Algo que te ayudará a definir la lista es preguntarte a ti mismo no sólo lo que quieres hacer EN tu vida, sino también qué es lo que quieres hacer CON tu vida. ¿Cuál es tu compromiso y con qué causas? ¿Cuáles son tus ideales, tus anhelos? ¿En qué quieres invertir tu fuerza, tu tiempo y tus recursos para ayudar a que éste sea un mundo mejor? ¿Qué te hace sentir feliz? ¿Qué es lo que quieres hacer CON tu vida? Escríbelo en tu lista de "Mis 100".

Finalmente quiero que pienses en esto: Ann no tuvo tiempo para terminar la lista de las 100 cosas que quería hacer. Sólo llegó a anotar 28 antes de la tragedia. Ni siquiera tuvo tiempo de experimentar la mayoría de las cosas que incluyó en su lista. Algo inesperado sucedió y ella, junto con todos sus planes y todos sus sueños, desapareció. Por tanto, creo que es muy importante que aprendas que HOY es el día más importante de tu vida y que no lo puedes desperdiciar, porque cada día nos recuerda la urgencia de la vida, nos anima a actuar y a no posponer más aquello que podemos hacer hoy, ahora mismo.

Porque, ¿si no es ahora, cuándo?

Perdemos mucho tiempo precioso en hacer cosas que no valen la pena porque no reflexionamos en aquello que en verdad es importante, aquello que nos haría crecer como individuos para poder ser más para la familia y la sociedad. Por ello, insisto en que hacer esa lista nos obliga a reflexionar y ése es el primer paso. A partir de ese ejercicio podrás concluir ideas, metas, sueños que volcarás en esa lista de "Mis 100", una lista que, a su vez, reflejará mejor quién eres, qué sientes, cuáles son tus anhelos y tus compromisos que, además, será el plan de viaje para tu vida.

Te dejo dos preguntas: ¿Qué incluirías en tu lista personal? ¿Qué te parece comenzar hoy?

❧ *El propósito de tu viaje* ❧

Querido lector, querida lectora, estamos llegando al final de estas páginas. Espero que te hayan permitido detenerte, recordar, sentir la urgencia de la vida y, de manera especial, que te hayan permitido reflexionar sobre el propio sentido de la vida.

Quisiera compartir contigo un relato que, de alguna forma, cierra el círculo que hemos diseñado a lo largo de estas páginas y que plantea las preguntas que será tu tarea responder de manera que te sientas satisfecho o satisfecha.

Se cuenta la historia de dos personas que viajaban en un carruaje. En cierto momento uno le dijo al otro: "Viajamos en un carruaje con un propósito importante que se cumplirá cuando arribemos a nuestro destino. Mientras tanto, platicamos y aprendemos. Esto, para nosotros, es un beneficio adicional del viaje. Pero los caballos que tiran del carruaje creen que el propósito del viaje consiste en la comida que les espera al final del trayecto. A los ojos del conductor del carruaje, el propósito del viaje está en el dinero que ganará por su trabajo, que le permitirá alimentar a su familia. Así que todos hacemos el mismo viaje, pero tenemos tres pensamientos, tres perspectivas de la misma realidad.

En efecto, todos vamos en la misma dirección. Todos viajamos por el camino de la vida hacia nuestro destino final, pero no todos tenemos los mismos objetivos.

Permíteme entonces preguntarte: ¿Para qué haces este viaje? ¿Para satisfacer tus necesidades de subsistencia? ¿Para acumular bienes o para un propósito más elevado? ¿Cuál es tu destino? ¿Quiénes viajan contigo? ¿Cómo aprovechas el tiempo del viaje?

Creo que, en la medida en que podamos responder estas preguntas, tendremos los ingredientes para una vida más rica

A manera de epílogo

"Algunas veces, cuando nos perdemos en el miedo y la desesperación, en la rutina y la constancia, en la desesperanza y la tragedia, podemos dar gracias a Dios por las galletas dulces y por la suerte de que, cuando no hay galletas dulces, aún podemos encontrar paz de espíritu en el calor de una mano conocida, en un gesto noble, en una especie de aliciente, en un abrazo amoroso o en un abrazo que consuele... Sin dejar de mencionar la ayuda a los desprotegidos, la visita a un enfermo y en algunos secretos contados. Debemos recordar que todo esto, las nuevas respuestas, las anomalías, la clase de cosas que asumimos que existen, son, de hecho, mucho más comunes y están a nuestro alcance. Están aquí para salvar nuestras vidas.

Sé que la idea parece extraña. Pero también me hace feliz que sea cierto."*

---

* Zach Helm, *Stranger than fiction.*

¿Qué refleja tu rostro?
Tú tienes una vida real y debes mantenerla "con vida".
Recuerda que es más tarde de lo que piensas y que nunca es
demasiado tarde.
Puedes corregir el rumbo. Puedes cambiar.
Cada día cuenta.
Recuerda el destino, pero disfruta del viaje.
Viaja leve. Corre riesgos.
No te critiques mucho. Estírate.
Pregúntate: ¿y si...?
Sé quien alguna vez soñaste ser.
Continúa con la melodía de tu vida.
Sal de tu escondite.
No te compliques.
Arriésgate una vez más.
Baila cada día, aunque sea con el pensamiento, porque lo
mejor está por venir.
No postergues vivir.
Escribe tu propia historia.
Y si no lo haces ahora, ¿cuándo?
Trata. Ten una actitud positiva. Ten fe.
No temas. Todo va a estar bien.

Y si no es ahora ¿cuándo?
de Marcelo Rittner
se terminó de imprimir en **Abril** 2008 en
Comercializadora y Maquiladora Tucef, S.A. de C.V.
Venado Nº 104, Col. Los Olivos
C.P. 13210, México, D. F.